매일 복음 묵상 3
로마서 365

KB194875

로마서 365

매일 복음 묵상 3

초판 1쇄 인쇄 2024년 11월 14일
초판 1쇄 발행 2024년 11월 21일

지은이	김석년
발행인	강영란
사업총괄	이진호

발행처	샘솟는기쁨
출판등록	제 2019-000050 호
주소	서울시 중구 수표로2길 9 예림빌딩 402 (04554)
대표전화	02-517-2045
팩스(주문)	02-517-5125
홈페이지	https://blog.naver.com/feelwithcom
전자우편	atfeel@hanmail.net

편집	박관용 권지연
본문 그림	윤정선
마케팅	이진호
디자인	트리니티
제작	아이캔
물류	신영북스

ⓒ 김석년, 2024
979-11-92794-51-8 (03200)
979-11-92794-29-7(세트) (04230)

로마서 365

365

매일 복음 묵상 3

김석년 지음

샘솟는
기쁨

이 땅에 푸르고 푸른 하나님 나라를 세우기 위해
절대 믿음으로 교회 개척의 길을 걷고 있는
모든 패스브레이커에게 이 책을 드립니다.

날마다 복음의 길, 로마서 365

로마서는 보배 중의 보배입니다. 로마서는 보석이기에 그 가치를 아는 사람만이 보석을 더욱 빛나게 할 수 있습니다. 로마서의 능력과 가치와 무게와 영광을 아는 저자는 로마서 전체를 구속의 드라마 관점에서 누구나 이해할 수 있는 쉬운 언어로 풀었습니다. 저자의 글은 쉽게 읽을 수 있지만 함축된 의미가 깊습니다. 탁월한 예술은 덜어 낼 것을 모두 덜어 내듯이 저자의 글은 더 이상 덜어 낼 것이 없습니다.

이 책은 천천히 기도하는 마음으로 읽어야 합니다. 아침에 읽은 로마서 묵상을 하루 종일 곱씹으면 좋습니다.

거듭 방문해서 묵상해야 합니다. 저자는 로마서를 통해 성경 전체를 보여 주며, 성경 전체가 스며든 로마서를 통해 복음을 보여 줍니다. 우리 구주 예수 그리스도를 보여 줍니다. 이 책은 저자의 오랜 세월 농축된 연구와 묵상이 함께 녹아들어 있습니다.

또한 로마서에 담긴 복음을 전해 주기 위해 성서신학과 조직신학과 기독교윤리학을 함께 연결시켰습니다. 깊이 있는 영성가들의 글과 주옥같은 인용문을 아낌없이 선물해 줍니다. 몰래 감추어 두고 혼자만 읽고 싶은 글들이 담겨 있습니다. 익숙한 것은 낯설게 표현해 주고, 낯선 것은 익숙한 언어로 표현해 줍니다. 책을 읽는 중에 감동과 울림, 깨달음과 영감을 함께 경험했습니다.

이 책을 로마서를 깊이 이해하고 묵상하고 싶은 분들에게, 하루를 말씀과 함께 시작해서 말씀과 함께 마감하기 원하는 분들에게, 로마서를 설교하고 가르치기 원하는 사역자들에게 추천합니다. 복음의 진수를 이해하고, 예수님의 은혜와 사랑을 갈망하는 분들에게 추천합니다.

강준민 | LA새생명비전교회 담임목사

로마서는 책의 성격상 접근하기 쉽지 않다. 서술 방식이 논리적이고 논문적이기에 더욱 그렇다. 그런데 김석년 목사님의 『로마서 365』는 독특한 구성으로 접근하기 쉽도록 서술되었다. 매일 한 장씩 읽어 가면서 공부하기 쉽게 구성이 되었고, 특별히 딱딱한 문체를 피해서 인문학적인 요소를 담아 이해하기 쉽게 기록되었다. 무엇보다 200여 편의 고전을 통해 이해를 시도한 것이 매우 독특하다. 모든 독자들에게 편안한 접근 방식을 통해서 '인간의 삶과 역사가 왜 하나님의 스토리인가'를 설득할 수 있는 책이다. 내용 또한 탄탄한 개혁주의 신학을 바탕으로 교단을 초월해서 사용할 수 있는 책이면서 동시에 가정 예배의 수단으로 활용하기에 적합하다. 모든 목회자들과 성도들에게 일독을 권한다.

송태근 | 삼일교회 담임목사

젊은 시절부터 탁월한 영성과 시적 감각이 충만한 사랑하는 김석년 목사님이 기도와 성령의 인도하심 속에 『로마서 365』를 집필하셨다. 로마서는 성경에서 가장 탁월한 하나님 말씀이고, 가장 온전한 복음이다. 이 책은 로마서를 담아내기에 손색이 없는 놀라운 작품이다.

하나, 로마서 16장 433절을 365일 묵상의 글로 엮었다는 것이 놀랍다. 둘, 로마서를 성경 전체가 스며든 복음으로 드러내면서 동시에 각 절에서 예수께 집중하는 것이 놀랍다. 셋, 로마서를 문학, 미술 등 인문학적으로 접근하고 해석하는 창의력과 참신함이 놀랍다. 넷, 각 장마다 서론 또는 결론에 인용하는 글을 보며 그의 폭넓고 깊은 독서 세계가 놀랍다. 다섯, 단순한 이론이나 묵상이 아닌, 하나님과의 동행으로 인도한다는 것이 놀랍다.

『로마서 365』를 읽고 묵상하므로, 우리는 복음의 비밀과 능력을 더욱더 확실하게 체험하게 된다. 동시에 인문학적 감성과 지성, 영성의 깊은 세계를 맛보며, 날마다 하나님과 동행하는 한 번에 네 가지 축복을 누리게 된다. 이 책 출판의 기쁨을 나누고 축하하며 기꺼이 이 땅의 성도들에게 추천한다.

용혜원 | 시인

『로마서 365』는 날마다 우리 영혼을 살리는 따뜻한 밥이며 한국 교회를 교회답게 하는 밥상이다. 매일 밥 한 공기 분량의 말씀을 꼭꼭 씹어 묵상함으로 영성 생활을 일상생활로 살아갈 수 있게 되기를 기도한다. 『로마서 365』로 가정마다 매일 밥을 퍼 나누어 가정 교회와 미자립 교회와 농어촌 교회도 과연 그 교회, 바로 그 교회가 되기를 간구한다. 그리스도의 몸 된 교회마다 하나님을 기쁘시게 하고, 이웃을 행복하게 하며, 세상을 아름답게 만드는 일용할 양식이 되기를 축복하면서, 날마다 정독하고 묵상하여 하나님과 동행하기를 온 맘 다해 추천한다.

최일도 | 다일공동체 대표

저자는 끊임없이 생명으로의 변화를 시도했다. 그의 평생의 일관된 화두는 '길'이었다. 그는 패스브레이커로서 '길이 없으면 길을 만들어 간다. 거기서부터 희망이다'라는 믿음으로 길을 열었다. 40대는 '바로 그 교회'의 꿈을 안고 교회 개척의 길을 열었다. 50대는 한국 교회를 가슴에 안고 작은 교회와 목회자를 세우는 길을 열었다. 60대는 그 자신이 하나님과 동행하고자 하는 열망으로 쉬지 않는 기도의 길을 열었다.

세월이 흘러 저자는 모든 길이 오직 복음으로 시작되

고, 복음으로 이어지며, 복음으로 완수된다는 사실을 친히 터득·체득한 듯하다. 그리하여 진력하여 '진정한 복음'인 로마서를 매일 묵상집으로 집필하였다. 쉽게 읽혀지지만 심오함이 있고, 진한 감동이 있다. 새롭게 복음이 깨달아지는 신선한 충격이 있다. 서둘러 단번에 다 읽고 싶은 신비한 매력이 있다. 무엇보다 나를 매일 아침, 다시 하나님과 동행하도록 각성케 하는 능력이 있다. 저자는 『로마서 365』, 매일 복음 묵상집으로 한국 교회뿐 아니라 세계 교회에 하나님과 동행하는 또 하나의 영성의 길을 연 것이다.

저자 김석년 목사님을 만난 것은 내 인생 큰 축복이었다. 지난 30여 년간 제자로서 목사님을 보좌하고 섬길 수 있었던 것은 더없는 행운이었다. 이에 진심으로 감사하고 축하드리며, 우리 모두 매일 로마서 묵상을 통해 주님과 동행하는 은혜와 기쁨을 누리기를 기대하고 기도하는 바이다.

최재성 | 서초교회 담임목사

잠들기 전에 가야 할 길

"로마서는 신약성경의 가장 주요하고 가장 탁월한 부분, 그리고 가장 순수한 유앙겔리온 즉 기쁜 소식이며 (중략) 또한 성경 전체로 이끄는 빛이며 그리로 들어가는 길이다." 윌리엄 틴데일

눈 오는 저녁 숲 가에서

인생은 길을 가는 것이다. 만약 가야 할 길이 없다면 그는 살았으나 죽은 자다. 산다는 것은 저마다의 길을 가는 것, 살아 있다는 것은 아직 가야 할 길이 남아 있다는 것이다. 내 삶을 돌아보니, 난 유독 길에 관심이 많았다.

나만의 인생길을 걸어가고자『비로소 나의 길을 가다』라는 책을 썼다. 주어진 사명의 길을 걸어가고자 패스브레이킹 사역을 오랜 시간 감당해 왔다. 내게 삶이란 길이며, 주어진 그 길을 묵묵히 걸어가는 것이었다.

나처럼 '인생의 길'에 많은 관심을 두었던 이들 중에 미국의 시인 로버트 프로스트가 있다. 〈가지 않는 길〉, 〈산의 골짜기〉 등 걸작의 시를 남긴 그는 〈눈 오는 저녁 숲 가에서〉를 통해 이런 고백을 했다.

"숲은 아름답고 어둡고 깊다./ 허나, 나는 지켜야 할 약속이 있고/ 잠들기 전에 가야 할 먼 길이 있다./ 잠들기 전에 가야 할 먼 길이 있다."

시인은 숲이 아름답고 깊다고 이야기한다. 그만큼 눈 덮인 숲이 매혹적이고, 시선을 사로잡는 매력이 있는 것이다. 그 깊고 아름다운 숲에 머물며 안주할 수도 있을 것이다. 그러나 그러지 않는다. 그래선 안 된다. 그에게는 지켜야 할 약속이 있기 때문이다.

이대로 머물면 안 된다는 아주 굳은 결단이 '허나'라는 시어 속에 담겨 있다. 시인은 길을 떠나야 한다. 잠들기 전에 먼 길을 나서야 한다. 그는 이 사실을 두 번이나 곱씹는다. 먼 길이지만 반드시 가야 할 아주 중요한 길이기에 스스로 자신을 격려하고, 다시 결단하는 것이다. 아마도 그는 자신만의 소명(召命)을 발견한 것이리라.

기독교 구원의 길도 이와 비슷하다. 구원은 예수 그리스도를 믿는 것이다. 이 복음은 하나님과의 약속이요, 또한 나 자신과의 약속이다. 내게 약속된 것이자, 내가 지켜야 할 약속인 것이다. 그 약속을 믿고 가는 길이기에 구원의 여정은 좁고 험하다. 멀고 고단하다. 찾는 이가 적다(마 7:13~14). 그럼에도 가지 않을 수 없는 길이다.

동행의 역설적 은혜

그런데 그 길을 나서면 신비한 일이 생긴다. 그 좁고 험하고 먼 길을 믿음으로 가리라 결단하고 나서면, 어려워도 즐거운 길이 되는 것이다. 이 노정에 예수 그리스도께서 항상 동행하시기 때문이다. 주께서 친히 길이 되시고, 길을 여시고, 길을 인도하시고, 그 마지막까지 함께하신다(요 14:6, 사 43:19, 시 48:14, 마 28:20).

구원은 내가 길을 찾는 것이 아니다. 그러니 오해하지 말자. 기독교는 구도의 종교가 아니다. 내 힘으로 가는 것이 아니다. 예수께서 친히 길이 되시고, 길을 여시고, 그 길에 함께하신다. 나는 그 길에 은혜로 동행하는 것이다. 날마다 하나님과 함께하는 것이다.

로마서는 우리에게 아직 지켜야 할 약속이 있음을 일깨운다. 우리에게는 잠들기 전에 가야 할 먼 길이 있다. 그 약속, 그 길은 '복음의 길'이다. 복음을 알고(1~8장), 복음을 전파하고(9~11장), 복음의 삶을 사는 것이다(12~16장). 이 복음의 길은 하나님과 동행해야만 갈 수 있는 길이다. 다른 방법은 없다. 오직 동행으로만 가능하다.

중세 신학자 토마스 아퀴나스는 "예수님과 함께 사는 법을 아는 것은 위대한 능력이고, 예수님과의 교제를 지속하는 법을 아는 것은 위대한 지혜이다"라고 말했다. 문제는 어떻게 주님과 동행하느냐는 것이다. 동행은 누구나 할 수 있는 것이 아니다. 가난한 마음으로 하나님을 사랑하며 간절히 갈망하는 자녀만이 경험할 수 있는 임마누엘 은혜다.

동행에 가장 중요한 것이 말씀과 기도다. 하나님과 동행하려면 365일 말씀을 묵상하고, 쉬지 않고 기도해야 한다. 무엇보다 먼저 말씀 묵상이 기초가 되어야 한다. 묵상은 말씀을 통한 하나님과의 풍성한 사귐이다. 하루하루 말씀으로 생각하고 대화하고 기도하며 주의 뜻을 이루어가는 충만한 시간을 가지면 말씀이 내 안에 거하며 흔들리지 않게 된다.

그중에서도 로마서 묵상은 중요하다. 영국 성경 번역의 아버지 윌리엄 틴데일은 로마서를 가리켜 '가장 순수한 유앙겔리온(복음)으로 들어가는 길'이라고 말했다. 이런 순전한 복음, 로마서를 가지고 하루하루 묵상해 나가면 하나님과의 동행을 만끽하며 순간순간 충만한 삶을 살게 될 것이다.

이 로마서는 총 16장으로, 각 장의 제목을 붙이면 다음과 같다.

1장: 구원의 복음. 2장: 죄인 구원. 3장: 십자가 속량. 4장: 믿음으로 구원. 5장: 하나님과 화평. 6장: 그리스도와 연합. 7장: 인간 실존의 고백. 8장: 성령의 인도. 9장: 이스라엘 구원의 경륜. 10장: 참된 믿음의 구원. 11장: 복음의 세계화. 12장: 새로운 삶의 변혁. 13장: 성도의 도덕적 책임. 14장: 교회의 하나 됨과 연합. 15장: 선교적 교회의 비전. 16장: 성도의 교제와 송영.

이렇게 전체 구조를 살펴보면 로마서가 복음을 중심으로 마치 파노라마처럼 펼쳐져 있음을 알 수 있다. 우리가 아침마다 새롭게 하시는 주의 은혜를 기대하며 겸손히 로마서를 묵상할 때 그 폭넓은 말씀이 '기독교 복음', '교회의 복음', '나의 복음'이 되어 날마다 동행의 축복을 누리게 됨을 믿어 의심치 않는다.

"깊도다 하나님의 지혜와 지식의 풍성함이여" **롬** 11:33

감사와 축복

가히 '기독교 선언'이라 부를 만한 로마서는 총 433절로 되어 있다. 이를 한두 절씩 쪼개어 365일 분량으로 글을 길어 올리는 작업은 무지한 내게 애당초 불가능한 일이었다. 주님께서 영감을 주시고, 눈을 열어 보여 주시고, 생각이 떠오르게 하셨기에 가능했다. 글을 쓰는 1년 6개월 동안 시력과 건강을 지켜 주신 덕분이었다.

모든 것이 은혜다. 전적으로 주께서 하신 일이다. 그야말로 은혜, 한량없는 하나님의 은혜로 인해 『로마서 365』 1~3권이 출판된 것이다. "감사, 감사로다!" 삶의 현장에서 믿음을 품고 수고하며 그리스도 재림의 소망 가운데 이 책을 묵상할 독자들을 생각하고, 그들이 날마다 하나님과 동행하기를 기대하며 기도한다.

"사랑의 주 하나님/ 매일 말씀을 묵상하고자 합니다./ 계시와 지혜의 영을 주사/ 주의 말씀을 바르게 깨닫게 하시고/ 그 말씀대로 소금으로 살게 하소서./ 하오나 주님/ 말씀대로 살지 못할 땐/ 차라리 깨닫지 못하게 하소서./ 알고도 어긋나지 않게 하시고/ 믿음의 길에서 벗어나지 않게 하소서./ 순전한 복음, 로마서 말씀이 내 안에 거하여/ 그리스도와 동행하게 하시고/ 발길이 닿은 곳마다/ 빛나는 하나님 나라가 세워지게 하소서./ 잠들기 전에 가야 할 그 길을/ 오직 은혜/ 오직 믿음/ 오직 성경/ 오직 하나님의 영광을 위하여/ 오늘도 내일도 직진하게 하소서."

"주 동행(同行), 주 행복(幸福), 주 영광(榮光)!"

"그가 우리를 죽을 때까지 인도하시리로다"(시 48:14)

2024년 10월

종교개혁주일을 앞두고

일순(日殉) 김석년

감사의 말

사랑해요, 감사해요

로마서의 한 절 한 절이 쌓여 한 권의 책이 되기까지 감사할 이들이 참 많다. 애당초 혼자서 할 수 있는 일은 없었다. 사랑하는 님들이 있어 가능했다.

매 주일 격려해 주고 기도해 준 한섬공동체 식구들에게 감사와 함께 행복을 나눈다. 매주 목요일 이른 아침 달려와 말씀을 즐겨 청종하며 격려와 칭찬을 아끼지 않은 CBMC 한성지회 형제자매들에게도 고마운 마음과 함께 출간의 기쁨을 나눈다. 출간이 늦어지자, 오매불망 기다리며 기도와 응원을 아끼지 않은 패스브레이커들에게도 진심 어린 감사를 전한다.

매월 첫 장에 수채화 〈주님과 함께〉 시리즈를 그려서 책의 미적 품격을 더해 준 윤정선 작가에게 감사로 문안한다. 나의 부족함을 메꾸는 벗 같은 제자, 20년 지기 도반인 사랑하는 박관용 목사에게 고마움을 전한다. 졸저를 자그마치 열 권째 기꺼이 정성으로 출판해 준 샘솟는기쁨의 이진호 대표와 강영란 이사에게 큰 감사를 표한다.

내 생명의 모태, 어머니 윤순한 권사께 감사드린다. 70년 넘는 세월 한결같이 아들을 자랑스레 여기며 눈물로 기도해 주신 덕에 오늘의 나도, 이 책도 있을 수 있었다. 생의 열매인 하나, 만나, 반석에게도 고마움을 남긴다. 목회자로 사느라 아빠로서는 부족함이 많았음에도 믿음 안에서 장성하여 사모로, 선교사로, 목사로 소명의 길을 걸으며 나를 응원해 주어 고맙기 그지없다. 마지막 감사의 자리는 45년의 세월을 함께하며 온갖 사랑의 수고를 아끼지 않은 인생의 동반자요 사명의 동역자인 아내 임진순의 몫이다.

"진순, 사랑해요. 감사해요. 당신 덕분에 여기까지 올 수 있었어요. 죽을 때까지 우리, 재미있게 살아 봐요. 주님과 함께!"

차 례

가을의 들녘처럼
9월

10

화평의 길을 함께
10월

11

다 비운 나목 되어
11월

12

상록수 은혜와 평강
12월

우린 매 순간 하나님을 바라보며,

날마다 하나님의 임재 안에 거하고,

온종일 하나님과 동행할 수 있다!

하나님과 동행을 위하여

일러두기

하나님과의 동행, 이는 하나님의 소원이고 우리를 부르신 목적이며 그리스도 주님의 마지막 축복이다. 이를 위해서는 얼마간의 훈련이 필요하다. 『로마서 365』는 매일 복음 말씀 묵상집으로, 하나님과의 동행을 위한 하나의 거룩한 수단이요 통로이다. 이 책을 다음과 같이 사용할 것을 제안한다.

1. 정시기도와 함께 하라. 하나님과의 동행은 먼저 정시기도로 시작하는 것이다. 정시기도도 안 하면서 어떻게 하나님과 동행할 수 있겠는가? 정시기도, 특히 아침기도 시간에 말씀 묵상을 함께 하는 것이 가장 효과적이다. 정시기도 훈련은 『쉬지 않는 기도 동행 31』을 활용하면 도움이 된다.

2. 말씀 묵상이 순종으로 이어지도록 하라. 말씀을 묵상하는 목적은 주의 뜻을 알고 하나님과 동행하기 위함이다. 곧 말씀을 따라 사는 것이 주님과의 행복한 동행이다. 매일의 복음 말씀을 읽고 묵상한 후, 제시된 과제로 기도하고 온종일 그 말씀을 따라 살라.

3. 항시기도로 이어지도록 하라. 매일 주어지는 한두 절의 말씀을 온종일 기억하면서 때마다 시마다 '성호기도' (하나님 아버지, 파라클레토스, 예수 그리스도, 키리에 엘레이손)를 반복하면 실제로 하나님과 동행하는 은혜를 누리게 된다.

4. '동행 스케치'를 쓰면 좋다. 이는 일종의 일기 같은 것이다. 밤에 잠자리에 들기 전 하루를 돌아보며 어떻게 하나님과 동행했는지를 생각하고, 하루를 스케치하듯 열 줄 미만으로 기록한다. 동행의 하루를 글로 기록하는 것은 나를 성숙하게 할 뿐 아니라 신앙의 산 역사가 되어 자녀와 믿음의 식구에게도 큰 기쁨과 교훈이 된다.

5. 멀리 가려면 함께 가라. 하나님과의 동행은 평생을 가는 먼 길이기에 가능한 한 부부, 자녀, 소그룹, 교회 지체와 함께하면 서로 격려가 되어 더 큰 동행의 기쁨을 누릴 수 있다. 필자는 거의 매일 아침 식탁에서 아내와 함께 『로마서 365』를 나눈다. 한 말씀, 한 기도, 한 동행으로 하루를 시작하니 더욱 깊은 부부애를 누린다. 또 고등학교 동창들과 카톡 단톡방을 열어 매일의 복음을 전송하고 서

로 받은 바 은혜와 기도 제목을 나누는데, 임마누엘 우정으로 새 힘을 얻곤 한다.

6. 할 수 있는 만큼만 하라. 처음부터 너무 잘하려고 무리하지 말고, 일단 할 수 있는 것부터 '하나씩' 즐겁게 하라. 전체를 전망하고, 하나씩 하여 익숙하게 되면 다음 것으로 발전 확장해 가는 것이다. 『로마서 365』의 독자는 매일 아침, 말씀 묵상부터 하라.

7. 그리스도 사랑의 마음으로 하라. 언제든 다시 예수 십자가다. 예수 십자가 속량의 은혜를 생각하고, 십자가 구원의 은혜에 기뻐하고 감사해야 이 모든 과정이 즐겁다. 의무로 마지못해서 하는 것이 아니다. 다시 십자가 앞에 서라. 그리스도 주님을 사랑하면 즐겨 말씀을 묵상하고 쉬지 않는 기도를 하게 된다. 가슴에 십자가 사랑이 흐르면 기쁘게 할 수 있다.

하나님과의 동행은 단번에 해치우는 과업이 아니다. 세상 끝 날까지 해야 하는 것이다. 날마다, 때마다, 시마다, 평생토록 주 안에서 주님과 대화하고, 주님을 즐기고, 주의 뜻을 구하고, 주의 사랑으로 불타오르고, 주님과 함께 사명의 길을 가고, 주님 나라를 소망하며 주님으로 내 잔이 넘치는 인생을 사는 것이다.

"하나님, 오늘은 중요한 미팅으로 꽉 찬 날입니다. 오늘 제 입술에서 나오는 모든 말을 저를 대신하여 말씀해 주소서. 제 마음 안에서 걸으시고, 거기에서 주님의 뜻을 알게 하소서. 제 가슴 안에서 타오르소서. 제 눈을 다스리소서. 오늘 온종일 제 안에 거하시고, 제 안에서 사랑하소서! (중략) 저 하늘에 영원한 태양이 있는 것처럼 우리 영혼에 꺼지지 않는 불을 지펴 주소서." **프랑크 라우바흐**

로마서 365

9

가을의 들녘처럼
9월

공기가 달라진 아침

새로운 시작.

변화의 길은 작은 발걸음에 깃들고

매일의 삶을 거룩한 제물로 드린다.

가을의 들녘처럼 그렇게

난 풍성하게 무르익어 가리라.

그러므로 형제들아 내가 하나님의 모든
자비하심으로 너희를 권하노니 너희 몸을
하나님이 기뻐하시는 거룩한 산 제물로 드리라
이는 너희가 드릴 영적 예배니라(롬 12:1)

🌸 빈 의자는 나와 함께하시는 그리스도를 뜻한다.

교리에서 삶으로

그러므로 형제들아 내가 하나님의 모든 자비하심으로 너희를 권
하노니 너희 몸을 하나님이 기뻐하시는 거룩한 산 제물로 드리라
이는 너희가 드릴 영적 예배니라 (12:1)

로마서는 크게 두 부분으로 나눌 수 있다. 전반부 '복
음의 교리'(1~11장)와 후반부 '복음의 생활'(12~16장)이다.
전반부의 중심 구절은 1장 16~17절로 로마서 전체의 요
절인 동시에 복음 교리의 핵심이다. 12장 1~2절은 이제부
터 이어질 후반부의 중심 구절로 복음적인 삶이란 무엇인
지에 관하여 상세히 다룬다.

12장은 "그러므로 형제들아"라는 부름으로 시작된다.
이는 복음 안에서의 형제 됨, 곧 로마서의 수신자들이 복
음에 대한 분명한 앎(신학)이 있음을 전제하고 있다. 사도
는 앞서 전반부에서 복음을 아주 명쾌하게 정리했다. 복
음이란 무엇인가?

복음은 모든 믿는 자에게 구원을 주시는 하나님의
능력이다(롬 1:1~17). 복음은 이신칭의의 구원이다(롬
3:21~4:25). 복음은 하나님과 화평을 누리는 넘치는 은혜이

다(롬 5:1~21). 복음은 나는 죽고 그리스도와 함께 사는 연합이다(롬 6:1~23). 복음은 인간 실존 갈등에서의 해방이다(롬 7:1~25). 복음은 성령의 인도를 받는 넉넉한 승리이다(롬 8:1~39). 복음은 인류(이스라엘과 이방인) 구원을 향한 긍휼에서 비롯된 하나님 선교이다(롬 9:1~11:36).

이 복음을 바로 알고 믿을 때, 비로소 우리는 "그러므로 형제들아"에 이어지는 복음의 생활, 거룩하게 변화된 삶을 살 수 있게 된다.

> "교리의 주목적은 지식이 아니라 변화다. 지식은 성경 진리의 기능 중 하나다. 그리고 지식은 진리의 목표가 아니라 거기에 필요한 수단이다. 진리의 목표는 철저한 인격적 변화다. 하나님은 성경의 교리가 우리 위에 비처럼 내려 우리가 변화되는 것을 계획하셨다." 폴 트립

복음 교리가 무엇인지 다시 정리하고, 복음에 합당한 삶을 살기로 다짐하자.

우리는 형제

> 그러므로 형제들아 내가 하나님의 모든 자비하심으로 너희를 권하노니 너희 몸을 하나님이 기뻐하시는 거룩한 산 제물로 드리라 이는 너희가 드릴 영적 예배니라 (12:1)

젊은 날 독일 유학 시절에 처음으로 독일인 교회에 출석하게 되었다. 그 교회의 담임목사님은 외국인인 나를 다정히 대하며 늘 '김 형제'라고 부르셨다. 목사님은 한참 어린 내게도 자신을 형제로 부르라고 했다. 그러나 자라온 문화 탓인지 차마 그럴 수 없었다. 독일에 머무는 동안 목사님 내외의 돌봄을 참 많이 받았다. 지금은 천국에 계시지만, 여전히 내 가슴에는 그분을 향한 사랑과 존경이 살아 숨 쉬고 있다. 그래서 이제는 이렇게 부를 수 있다.

"감사해요. 뢰슬러 형제님!"

2천 년 전 로마교회는 다양한 인종, 국가, 신분, 세대가 속해 있었다(롬 16:1~16). 또한 유대인과 이방인 간의 긴장과 갈등도 있었다(롬 11:20). 그런 이들을 향해 사도는 의도적으로 '형제'라는 호칭을 사용한다. 이는 무슨 뜻일까?

① 형제는 한 가족이다. 우리는 그리스도 안에서 한 형

제로, 하나님을 함께 '아버지'라고 부른다. ② 형제는 한 교회이다. 우리는 한 그리스도를 교회의 주로 모시고, 한 그리스도를 알아 가고, 섬기고, 닮아 간다. ③ 형제는 한 사명을 가졌다. 우리는 한 복음을 전파하고, 한 교회를 세우고, 한 하나님의 나라를 이루고자 한다. ④ 형제는 한 긍휼을 받았다. 순종하지 않는 자에게도 베푸시는 하나님의 긍휼로 인하여 우리는 구원을 얻었다(롬 11:30~31).

모든 그리스도인은 인종, 국가, 신분, 세대와 상관없이 한 형제자매다. 이제 우리는 서로를 자비로 대하고 서로를 섬기며 서로를 세워야 한다(빌 2:1~5).

"그리스도인의 삶은 공동체, 곧 예수 그리스도 안에서 예수 그리스도를 통해 존재하는 교회 공동체 안에서 사는 삶이다." **디트리히 본회퍼**

교회 안의 작은 자를 형제로 여기고 있는지 돌아보고, 그를 구체적으로 섬겨 보자.

03 영적 예배자

> 그러므로 형제들아 내가 하나님의 모든 자비하심으로 너희를 권
> 하노니 너희 몸을 하나님이 기뻐하시는 거룩한 산 제물로 드리라
> 이는 너희가 드릴 영적 예배니라 (12:1)

구원받은 자가 가장 먼저 해야 하는 것은 예배다. 하나님의 긍휼과 자비로 구원받은 자는 그 은혜에 감사하고, 복음에 합당한 예배를 드린다. 이것이 '영적 예배'다. 여기서 영적이라는 것은 신령(spiritual)이 아니라 '합당한(reasonable)', '온당한(rational)'이란 의미이다.

예배는 크게 두 가지 방식으로 드려질 수 있다. 공(公) 예배와 삶의 예배이다. 공 예배는 교회에서 회중과 함께 드리는 예배다. 정한 시간에 교회에 모여 순서에 따라 함께 예배하는 것이다. 먼저 공 예배가 있어야 한다. 영과 진리로 먼저 공 예배부터 드려야 한다(요 4:24).

그러나 공 예배로 끝나서는 안 된다. 삶의 예배로 이어져야 한다. 일상에서 무슨 일을 하든 하나님께 예배하는 것과 같은 마음과 태도로, 몸과 정성을 드려야 한다. 이것이 "하나님이 기뻐하시는 거룩한 산 제물"이다. 무엇을

하든 내 몸의 행실을 죽이고(롬 8:13), 의의 병기로 하나님께 드려지는 삶을 사는 것이 영적(합당한) 예배가 된다(롬 6:13, 16, 19).

> "우리의 발은 하나님의 길에 행하고, 우리의 입술은 진리를 말하고 복음을 전파하며, 우리의 혀는 치유를 가져오고, 우리의 손은 연약한 자를 일으키며 (중략) 우리의 팔은 외로운 자를 감싸 안을 것이며, 우리의 귀는 가난한 자의 울부짖음을 들을 것이며, 우리의 눈은 겸손하고 끈기 있게 하나님을 바라볼 것이다." **존 스토트**

가정과 일터에서 거룩한 산 제물로 사는지 돌아보고, 이제 영적 예배자로 살아가자.

개혁은 나부터

너희는 이 세대를 본받지 말고 오직 마음을 새롭게 함으로 변화를 받아 하나님의 선하시고 기뻐하시고 온전하신 뜻이 무엇인지 분별하도록 하라 (12:2)

복음의 특징은 개혁에 있다. 개혁이란 생명으로 나아가는 것이다. 생명으로의 변화가 없다면 더는 복음이 아니다. 단지 타락, 변질, 죽음일 뿐이다. 특히 개신교는 개혁적이다. 종교개혁(1517)에서 출발한 '개신교(Protestant)'라는 말 자체가 '저항', '개혁'이라는 뜻이다.

이 개혁은 쉽지 않은 일이다. 실제로 역사를 돌아보면 개혁을 외치던 숱한 이들이 얼마 안 가 변질되는 것을 발견하게 된다. 그래서 개혁은 누구를, 무엇을 변화시키는 것이 먼저가 아니다. 내 변화가 우선이다. 언제나 나의 변화가 개혁의 핵심이다.

바울은 우리가 변화를 받아 새롭게 되어야 한다고 말한다. 여기서 '변화(헬, 메타모르포오)'는 그리스도의 형상으로서 성품과 행동이 변화하는 것을 암시한다(막 9:2). 또 '변화를 받아(헬, 메타모르푸스데)'는 현재 수동태 명령형이다. 계속 새롭게 변화되어 가는 것을 뜻한다.

이 변화는 하나님 말씀과 성령으로 거듭나는 것이다 (요 3:5). 의롭다 함을 얻는 것이다(롬 3:24). 그리스도의 마음을 품는 것이다(빌 2:5). 나는 죽고 그리스도로 사는 것이다(롬 6:11). 성령의 인도를 받는 것이다(롬 8:14). 말씀 묵상과 쉬지 않는 기도로 하나님과 동행하는 것이다(엡 6:18).

이러한 변화를 삶에서 실현해 갈 때, 그 나의 변화가 개혁의 동인이 되어 교회와 세상을 변화로 이끌게 된다. 개혁은 나부터 시작이고, 나로부터 일어나는 것이다.

> "나부터 서로 진실하게 사귀고, 일터와 직장에서 서로 존중하고, 서로 격려하도록 우리를 도우소서. 그리스도가 우리가 하는 모든 행위의 척도와 목표가 되소서." **형제단 예식서**

오늘 시도해야 할 나의 개혁에는 무엇이 있는지 생각하고 그것을 결단하자.

09
05 예배에서 변화로

> 너희는 이 세대를 본받지 말고 오직 마음을 새롭게 함으로 변화
> 를 받아 하나님의 선하시고 기뻐하시고 온전하신 뜻이 무엇인지
> 분별하도록 하라 (12:2)

복음의 삶은 두 가지로 나타난다. 예배와 변화다. 이
중에 우선하는 것은 예배다. 먼저 예배자가 되면, 그다음
변화가 따른다. 만일 예배 후에 변화가 없다면 그것은 기
독교의 예배가 아니다. 기독교 예배는 반드시 변화로 나
타난다. 어떤 변화인가?

하나, 이 세대를 본받지 않는다. 삶이 복음의 원리에
지배를 받기에 세상의 시류를 따라 살지 않는다. 시대의
악한 제도, 타락한 문화, 거짓된 경건을 따르지 않고 단호
히 거부한다(레 18:3~4, 마 6:8).

둘, 하나님의 뜻을 분별하여 세운다. "선하시고 기뻐
하시고 온전하신" 하나님의 뜻을 분별하는 기준은 성경
이다(시 119:105, 딤후 3:16~17). 오직 성경을 척도 삼아 주의
뜻이면 순종하고, 아니면 거부한다.

셋, 마음을 새롭게 한다. 나는 죽고, 내 안에 사시는 그

리스도와 함께 기도로, 말씀으로, 성령으로 사는 것이다. 그러면 자연스레 주의 뜻을 분별하고, 이 세대를 본받지 않게 되어 새사람 새 교회 새 역사를 이루게 된다.

개혁자 마틴 루터는 일평생 이러한 변화를 향해 몸부림치며 살았다. 그는 종교개혁의 합의를 폐기하려는 황제 칼 5세를 향해 이렇게 당당히 외쳤다.

"하나님의 말씀은 참으로 유일한 진리이며, 그것은 참으로 모든 교리와 행위의 확실한 표준으로서 결코 실패하거나 우리를 속이지 아니합니다. 그러므로 이러한 기초 위에 서는 사람은 어떠한 죽음의 세력과 장차 없어질 사람의 부귀영화에 대해서도 저항할 수 있습니다. 이와 같은 이유에서 우리는 우리에게 지워진 멍에를 이제 거부하는 바입니다." **마틴 루터**

나는 변화된 삶을 살고 있는지 돌아보고, 세 가지 변화로 나아가기를 기도하자.

먼저 교회부터

내게 주신 은혜로 말미암아 너희 각 사람에게 말하노니 마땅히 생각할 그 이상의 생각을 품지 말고 오직 하나님께서 각 사람에게 나누어 주신 믿음의 분량대로 지혜롭게 생각하라 (12:3)

"어떤 사람이 진정으로 믿는 것이 무엇인지 알려면 그의 말을 듣지 말고 행동을 관찰하라." **모리스 블롱델**

그리스도인은 말만 아니라 행동하는 자다. 그는 거룩한 산 제물로서 복음에 합당한 삶을 산다. 이것이 영적 예배, 곧 삶의 예배다. 삶이 예배가 되기 위해서는 하나님과의 관계뿐 아니라 삶의 모든 관계에서 하나님의 뜻이 무엇인지 분별해야 하고, 그 뜻대로 살아 내야 한다.

그중 첫 번째가 교회 공동체와의 관계다(3~13절). 교회와 그리스도는 동일화된 관계다. 그래서 성경은 교회를 '그리스도의 몸'(엡 1:23)이라고 말씀한다.

이 땅에서 그리스도의 현존을 경험하고, 그리스도의 뜻을 이루고, 그리스도의 충만을 누리는 유일한 공동체가 바로 교회이다. 따라서 그리스도인은 반드시 교회에 속해야 하고, 교회부터 세워야 한다. 교회 안에서 하나님의 뜻이 무엇인지 배우고 분별하며 실천해야 세상에서도 주의 뜻을 이룰 수 있다.

안타깝게도 로마교회는 유대인 신자와 이방인 신자 간에 반목이 있었다. 이에 바울은 "내게 주신 은혜" 곧 사도의 권위를 가지고(롬 15:15~16), 마치 예수님이 말씀하시듯(마 3:9, 눅 3:8), 엄중하게 교회부터 바르게 세우라고 명령한다. 교회 안에서 하나님의 뜻, 곧 그리스도의 공동체가 이루어지지 않는다면 세상에서도 변화의 삶을 살아갈 수 없기 때문이다. 먼저 교회부터 세워야 한다. 교회에서 하나님의 뜻이 이루어져야 한다.

내가 속한 교회 공동체를 돌아보고, 교회를 위한 한 가지 일을 결단하고 실천하자.

십자가를 통해 나를 보라

내게 주신 은혜로 말미암아 너희 각 사람에게 말하노니 마땅히 생각할 그 이상의 생각을 품지 말고 오직 하나님께서 각 사람에게 나누어 주신 믿음의 분량대로 지혜롭게 생각하라 (12:3)

하루는 노인복지 목회를 하는 후배를 만났다. 그는 외견상 어리숙하고 말도 유창하지 않다. 그러나 그 누구보다도 기쁘고 충만하게 목회한다. 주중에 그는 전신 장애 어르신들의 목욕을 돕고 있다. 그 힘든 일을 어떻게 하냐고 물으니 환히 웃으며 이렇게 답한다.

"그 일은 하나님이 기뻐하시는 일이에요. 어르신들 목욕할 때마다 상급이 하늘에 쌓이는 게 느껴져요. 사실 전 부족한 게 많아요. 그래서 늘 기도해요. 교인들이 제 허물을 보지 않고, 사랑을 보게 해 달라고요. 그래서인지 모두가 눈에 콩깍지가 씌어서 늘 행복해요."

이렇듯 관점이 중요하다. 관점에 따라 같은 상황도 다르게 볼 수 있다. 여기에는 나 자신도 포함된다. 나 자신을 바르게 보고 평가해야 한다. 관점이 비뚤어지면 우월의식으로 교만해지거나 열등의식으로 비굴해지기 쉽다.

그러나 십자가를 통해 나를 바라보면 달라진다(빌 2:2~5).

십자가에 비춰 보면 나는 죄인인 동시에 의인이다. 이 생각이 삶의 균형을 유지시켜 준다. 이웃에 대해서는 온유와 겸손을, 일에 대해서는 정직과 충실을, 그리고 모든 일에 하나님 자녀의 긍지와 품위를 갖게 한다. 내게 주신 직분과 은사도 과분히 여긴다(고전 12:4~11). 받은 바 이상을 생각하지 않는다. 늘 기도로, 감사로, 사랑으로 섬긴다. 이런 지혜로운 생각은 십자가를 통해 나를 볼 때 생긴다. 이 생각이 교회를 든든히 세우고 나를 행복하게 한다. 십자가를 통해 나를 바라보라. 교회도 살고, 나도 산다.

"기독교적인 것과 그렇지 않은 것 사이를 가늠하는 기준은 예수 그리스도의 십자가이다." **알리스터 맥그래스**

주어진 분량대로 교회를 섬기는지 생각하고, 십자가를 통해 나를 보는 훈련을 해 보자.

교회란 무엇인가

> 우리가 한 몸에 많은 지체를 가졌으나 모든 지체가 같은 기능을
> 가진 것이 아니니 이와 같이 우리 많은 사람이 그리스도 안에서
> 한 몸이 되어 서로 지체가 되었느니라 **(12:4~5)**

교회를 부르는 신비한 호칭이 있다. '그리스도의 몸'(엡 1:23)이다. 대체 교회가 무엇이기에, 이 놀라운 이름으로 불릴 수 있는 것일까?

첫째로 교회는 그리스도의 현존을 경험하는 '임마누엘 공동체'이다. 이 땅에서 부활하신 그리스도를 경험하는 유일한 곳이 교회다(마 28:20). 교회 외에는 없다.

둘째로 교회는 그리스도의 뜻을 재현하는 '구원 공동체'이다. 그리스도의 뜻을 받들어 오늘도 사람을 살리는 유일한 공동체가 교회다(딤전 2:4). 교회 외에는 없다.

셋째로 교회는 그리스도의 주권을 실현하는 '하나님 나라 공동체'이다. 이 땅에 의와 평강의 하나님 나라를 이루는 유일한 공동체가 교회다(롬 14:17). 교회 외에는 없다.

그리스도의 몸, 교회를 세우고자 하나님은 우리를 그리스도의 지체로 부르셨다. 한 몸이 되게 하셨다. 우리의

머리는 그리스도이시다. 우리는 각기 지체로서 그리스도로 연합되어야 한다(통일성). 그뿐 아니라 서로 다른 은사와 직분을 존중하고(다양성), 서로 의존하며 지탱하고(상호성), 함께 그리스도의 현존과 사귐을 누리며(친밀성) 그리스도의 몸을 세워야 한다(고전 12:27, 엡 4:11~12).

이런 교회는 막연한 무리가 아니다. 예수를 따르는 구체적인 소그룹 제자 공동체이다(마 18:20). 이 소그룹 제자 공동체가 없으면 교회도 없는 것이다.

"우리가 그리스도의 몸이 되었다는 것은, 첫 번째 제자들이 예수의 육체적인 현존과 사귐 안에서 살았던 것처럼, 그렇게 오늘 우리도 예수의 육체적인 현존과 사귐 안에서 살아야 한다는 점을 말한 것이다." **디트리히 본회퍼**

그리스도 현존을 경험하는 소그룹이 있는지 생각하고, 소그룹 교회에 힘써 참여하자.

09 나만의 빛깔과 모습으로

우리에게 주신 은혜대로 받은 은사가 각각 다르니 혹 예언이면 믿음의 분수대로, (12:6)

"아가 손톱만 한/ 이름 없는 풀꽃 하나/ 인적 드문 곳에서/ 온몸으로 웃고 있다./ 삶은 많이 고달파도/ 삶은 더없이 아름다운 거라고/ 말없이 소리 없이/ 얘기하고 있다./ 나도 한 송이/ 풀꽃으로 살아야겠다./ 그저 나만의/ 빛깔과 모습으로" **정연복**

성경은 하나님이 창조하신 모든 것이 선하다고 말씀한다(딤전 4:4). 아무리 작고 보잘것없어 보일지라도 어느 것 하나 버릴 것이 없다. 다 하나님의 뜻이 있고 목적이 있다. 이름 없는 풀꽃조차 다 가치 있는 것이라면, 하물며 자녀에게 주신 은사는 말할 나위가 없다. 나를 가장 잘 아시는 하나님께서 나를 위하여, 은혜를 따라 각기 다른 은사를 주셨다.

은사는 크게 세 가지로 나눌 수 있다. 직분적 은사(엡

4:11~12), 실천적 은사(롬 12:6~8), 신령한 은사(고전 12:8~11)
이다. 직분적 은사는 교회의 기초를 세우고, 실천적 은사
는 교회의 덕을 세우며, 신령한 은사는 교회를 강건하게
세운다. 모두 교회를 세우는 것이다.

　이 은사들은 한 성령께서 그 뜻대로 각자에게 주신 것
이다(고전 12:11). 우열이나 서열이 아니라 다양성으로, 서
로 다른 기능과 목적이 있다(고전 12:12, 27). 서로에게 의
존되어 있고, 서로 섬김으로 함께 건강하고 풍성하게 된
다(고전 12:25). 질서 가운데 품위 있게 섬기는 것이다(고전
14:40). 이렇듯 모든 은사는 성도를 온전하게 하며 그리스
도의 몸을 세우기 위해 사용된다(엡 4:12).

내게 주어진 은사를 소중히 여기고, 성도와 교회를
온전히 세우도록 겸손히 봉사하자.

교회를 세우는 은사 1

우리에게 주신 은혜대로 받은 은사가 각각 다르니 혹 예언이면
믿음의 분수대로, 혹 섬기는 일이면 섬기는 일로, 혹 가르치는 자
면 가르치는 일로, 혹 위로하는 자면 위로하는 일로, 구제하는 자
는 성실함으로, 다스리는 자는 부지런함으로, 긍휼을 베푸는 자는
즐거움으로 할 것이니라 (12:6~8)

로마서에서 바울은 교회의 덕을 세우는 일곱 가지 실
천적 은사를 열거한다. 이를 크게 두 범주, 말의 은사(예
언, 가르침, 위로)와 섬김의 은사(섬김, 구제, 다스림, 긍휼)로
나눌 수 있다. 이들 은사는 무엇이며 어떻게 사용되어야
하는가? 먼저 말의 은사부터 생각해 보자.

첫째로 예언은 하나님의 뜻을 알려 주는 은사로 믿음
의 분수대로 해야 한다. 곧 성경과 복음에 모순되지 않고,
성경적 진리에 근거해야 한다. 그렇지 않으면 사이비 교
설이며 거짓 예언이다(행 13:6, 벧후 2:1).

둘째로 가르침은 양육하는 은사로 가르치는 일에 합
당한 내용이 갖춰져야 한다. 가르치는 자 스스로 그에 걸
맞은 제자의 본을 보이며 성령의 지혜와 지식으로 가르쳐
구원에 이르게 하는 것이다(딤후 3:15~16).

셋째로 위로는 연약한 자를 붙들어 주는 은사이다. 상대의 마음을 보듬어 주고 권면하여 속사람이 강건한 사람으로 세워 주는 것이다. 바나바가 다소에 머물던 바울을 돌볼 때 이 은사를 사용했다(행 4:36, 9:27, 살전 5:14).

은사를 다룰 때 한 가지 잊지 말아야 할 사실이 있다. 이 모든 은사가 하나로 집중된다는 사실이다. 곧 그리스도와 그분의 인격이다. 모든 은사는 언제나 그리스도의 성품인 성령의 열매의 지배를 받아야 한다(갈 5:22~23).

"저에게 그리스도를 볼 수 있는 눈을 주소서. 주의 말씀을 들을 수 있는 귀를 주소서. 주님의 심장을 품은 마음을 주소서. 겸손히 섬기는 손과 발을 주소서. 언제든지 주 뜻대로 사용하소서." **로마노 과르디니**

내게 어떤 말의 은사가 있는지 돌아보고, 그 은사를 누군가에게 사용해 보자.

교회를 세우는 은사 2

우리에게 주신 은혜대로 받은 은사가 각각 다르니 혹 예언이면 믿음의 분수대로, 혹 섬기는 일이면 섬기는 일로, 혹 가르치는 자면 가르치는 일로, 혹 위로하는 자면 위로하는 일로, 구제하는 자는 성실함으로, 다스리는 자는 부지런함으로, 긍휼을 베푸는 자는 즐거움으로 할 것이니라 (12:6~8)

실천적 은사의 두 번째 범주는 섬김의 은사다. 곧 섬김, 구제, 다스림, 긍휼이다. 첫째로 섬김은 상대의 필요를 채워 주는 은사이다. 생색을 내거나 보상을 바라거나 불평이 있다면 섬김이 아니다. 선한 청지기처럼 주의 영광이 나타나도록 섬기는 것이다(벧전 4:9~10).

둘째로 구제는 작은 자를 돌보는 은사로 성실하게 해야 한다. 부유할 때, 넉넉할 때만 나누는 것이 아니라 한결같이 기쁨으로 그 일을 행하는 것이다. 마치 그리스도를 대하듯 덕스럽고 풍성하게 나누어야 한다(고후 8:2).

셋째로 다스림은 지도력을 발휘하는 은사로 부지런하게 해야 한다. 이 지도력은 거저 생기는 것이 아니다. 내가 먼저 정직하게 희생해야 한다(롬 12:11, 딤전 1:12). 지도력의 핵심은 'Frist in Last out' 즉 솔선수범하는 것이다.

　넷째로 긍휼은 고통에 처한 이들을 동병상련으로 돌보는 은사이다. 억지로나 업신여김으로 행하는 것이 아니라 주를 섬기는 즐거움으로 상대를 돌보는 것이다(고후 9:7).

　바울이 열거하는 실천적 은사는 예언, 가르침, 위로, 섬김, 구제, 다스림, 긍휼이다. 이 중 나는 어떤 은사가 가장 중요하다고 생각하는가? 그것이 나의 은사일 가능성이 크다. 은사를 발견했다면 이제 섬길 일만 남았다.

　내 모습 그대로 진실하게 섬겨라. 내가 할 수 있는 것으로 즐겁게 섬겨라. 내게 있는 것으로 겸손하게 섬겨라. 모든 것을 그리스도께 하듯 성령으로 섬겨라. 섬김을 즐기지 못하는 자는 하나님 나라에 그의 자리가 없다.

　"주님을 향한 사랑만이 끝까지 섬길 수 있는 동기와 능력을 부여한다." **오스왈드 챔버스**

　나의 은사가 무엇인지, 합당하게 사용되고 있는지 생각하고 즐겨 사용하자.

그리스도인의 생활 표준 1

사랑에는 거짓이 없나니 악을 미워하고 선에 속하라 (12:9)

그리스도인은 누구든 사랑으로 산다. 그것이 산 제물이 되는 길이고, 예배를 살아 내는 삶이다. 그래서 그리스도의 몸인 교회 역시 사랑으로 세운다. 사도는 이어지는 구절들에서 그리스도인의 모든 관계, 즉 교회, 이웃, 국가 등과의 관계를 다룬다. 이 관계 역시 '아가페(사랑)'를 전제로 한다. 그리스도인의 관계 맺음의 대전제는 사랑이다.

그리스도인이 사랑으로 관계 맺어야 할 첫 시작이 교회이다(롬 12:9~13). 사도는 우리가 한 교회 가족으로서 어떻게 서로 사랑해야 하는지를 마치 계명처럼 열 개의 덕목으로 설명한다. 이를 '그리스도인의 열 가지 생활 표준'이라 부를 수 있을 것이다.

첫 번째 표준은 최우선 요건, 진실이다. "사랑에는 거짓이 없나니" 진실이 없다면 이미 사랑이 아니다. 위선이고 거짓이고 사기다. 사랑은 언제나 그에 대한 순전한 애정을 끝까지 유지하는 것이다(벧전 1:22, 계 2:4).

두 번째 표준은 분별이다. "악을 미워하고 선에 속하라" 아무리 결과가 좋아도 불의로 세워진 것은 반드시 망한다. 하나님이 살아 계시기 때문이다. 그래서 사랑은 악을 미워하고(살전 5:22), 더욱 선에 속한다(헬, 콜라오. 풀로 붙인 듯 딱 달라붙다).

우리는 사랑으로 구원받았고(롬 5:8), 그 사랑이 우리 마음에 부은 바 된 존재들이다(롬 5:5). 언제나 어디서나 누구에게나 그 사랑으로 행할 때, 결국은 그 사랑으로 인하여 승리하게 될 것이다(롬 8:35, 39).

"사랑은 불의를 기뻐하지 않으며, 진리와 함께 기뻐합니다." **고전 13:6, 새번역**

바른 사랑에 비추어 오늘 누군가를 사랑하기로 다짐하고, 형제 사랑을 다시 시작하자.

그리스도인의 생활 표준 2

형제를 사랑하여 서로 우애하고 존경하기를 서로 먼저 하며
(12:10)

"젊어서는 사랑하기 위해 살고, 늙어서는 살기 위해 사
랑한다." **볼테르**

시인의 고백처럼 인생을 살면 살수록 더욱 간절한 것
이 사랑이다. 사랑이 안 되면 사는 것이 아니다. 사랑해야
살 수 있고, 사랑해야 행복할 수 있기 때문이다.

그리스도인의 열 가지 생활 표준, 그 셋째는 우애다.
"형제를 사랑하여 서로 우애하고" 여기서 '우애(헬, 필로스
톨고스)'는 '우정(헬, 필리아)'과 '혈연(헬, 스톨게)'이 합쳐진 것
으로, 피로 맺어진 진한 형제 사랑을 말한다(마 12:50). 마
치 십자가에서 주님이 보여 주셨듯이(요 15:13), 형제를 위
하여 내 모든 것을 드리는 것이다.

성경에는 이런 우애의 좋은 본보기가 나온다. 요나단
과 다윗이다(삼상 18:1). 요나단의 한결같은 우애 덕분에

다윗은 어려움을 이겨 내고 이스라엘의 왕이 될 수 있었
다. 그래서 유진 피터슨(Eugene Peterson)은 그 둘을 보며
이렇게 말했다. "우정은 임마누엘의 또 다른 표현이다."

넷째는 존경이다. "존경하기를 서로 먼저 하며" 흔히
사람들은 누군가를 대할 때 자기 기준으로 상대를 평가하
곤 한다. 나와 동등한, 혹은 나보다 못한, 아니면 나보다
나은 사람이라고 말이다. 그러나 사랑은 이를 넘어선다.
서로 먼저 존경한다.

어떻게 그런 일이 가능한가? 내가 낮아지고 겸손하면
된다. 곧 십자가를 생각하고 십자가에 내가 죽으면, 내 안
에 사시는 주님의 마음을 품을 수 있다(빌 2:3~5). 비로소
인간적인 모든 조건을 떠나 마음에서 우러나오는 순전한
사랑과 존경을 표하게 된다.

우애와 존경으로 사랑하기를 다짐하고, 오늘 하루
한 형제를 택하여 그것을 실천하자.

그리스도인의 생활 표준 3

부지런하여 게으르지 말고 열심을 품고 주를 섬기라 (12:11)

그리스도인의 생활 표준, 다섯 번째는 열심이다. 이 시대 많은 사람이 성공과 출세를 위해서 열심을 낸다. 그러나 주를 위해 열심을 내는 이들은 찾기 힘들다. 혹여 누가 열심을 내면 비난하고 만류하기도 한다. 그동안 지식이 결여된 종교적 열심, 맹신을 자주 보았기 때문이다.

이는 열심에 대한 오해이다. 주를 섬기는 열심은 다르다. 나는 죽고 그리스도와 함께 행하는 열심이기에 그곳에는 언제나 질서와 조화, 생명이 살아나는 풍성이 있다. 이런 열심은 많을수록 좋다.

"부지런하여 게으르지 말고 열심을 품고"

이 말씀은 열심을 삼중으로 강조한 것이다. 흔히 처음 믿을 때는 부지런하다가도 신앙 연륜이 쌓이면 게을러진다. 성경은 이를 경계한다(잠 21:25, 마 25:26). 그렇다면 지치지 않는 열심은 어디서 오는가?

하나, 주를 섬김에서 온다. 본래 우리는 죄의 종이었

다. 그러나 십자가 속량을 믿음으로 주의 종이 되어 자유
와 풍성을 누리게 되었다. 그 은혜에 감사하여 주를 섬길
때 내 안에 열심이 생긴다.

둘, 그리스도의 영 성령에서 온다. 곧 성령으로 인한
열심(헬, 퓨뉴마티 제온테스. "열심을 품고")이다. 성령은 내 마
음을 뜨겁게 하여 열심을 내게 하신다. 이는 하나님으로
부터 비롯된 열심이다(왕상 19:10, 고후 11:12).

성령으로 거듭난 사람은 절대 게으를 수 없다. 성령이
나를 불 일 듯하여 달려가게 하신다(빌 3:12~14). 주를 위해
열심을 내라. 그것이 인생의 영원한 투자요, 승리이다.

"나는 알람 시계가 필요치 않다. 내 안의 열심이 나를 깨
운다." 엘릭 토마스

지나간 게으름 회개하고, 주를 위해 무엇을 열심히
할 것인지 생각하여 실행하자.

15 그리스도인의 생활 표준 4

소망 중에 즐거워하며 환난 중에 참으며 기도에 항상 힘쓰며 (12:12)

그리스도인의 생활 표준 여섯, 일곱, 여덟 번째는 차례로 소망, 인내, 기도이다.

먼저 '소망'이다. "소망 중에 즐거워하며" 서로 연결되는 세 표준의 바탕에 소망이 있다. 이 소망은 단순한 인간적 바람이 아니다. 예상과 통계에 따른 계산적 판단도 아니다. 주님의 재림과 그에 따르는 승리의 영광, 부활의 영광, 천국의 영광에 근거한 소망이다(롬 5:2, 8:24~25).

다음은 '인내'이다. "환난 중에 참으며" 소망이 있는 사람은 인생의 어떤 환란과 고난이 찾아와도 견딜힘이 있다. 장차 나타날 영광의 소망이 있기에 눈앞의 환난도 참아 낼 수 있다. 그뿐만 아니라 환난을 통과하며 더 정결하고 견고하고 온전하게 되어 지극히 큰 영광을 이루게 된다(욥 23:10, 벧전 5:10).

그리고 '기도'이다. "기도에 항상 힘쓰며" 소망과 인내를 더욱 든든히 당기는 은혜의 줄이 기도다. 기도하면 그리스도와 동행하며 성령으로 충만해진다. 천국의 소망과 영광이 더 선명해진다. 십자가 은혜와 부활의 능력으로 가득해진다. 즉 기도로 인하여 소망과 인내는 더욱 견고해진다. 결국 모든 것은 기도에서 시작된다.

"위험에서 벗어나게 해 달라고 기도하기보다는, 위험을 담대히 이겨 내게 하소서. 고통을 없애 달라고 기도하기보다는, 고통을 다스릴 수 있는 믿음을 주소서. (중략) 두려움 속에서 구원받기를 기도하기보다는, 소망 가운데 자유를 쟁취하는 인내를 주소서. 성공했을 때만 주의 자비를 느끼는 나약한 자가 아니라, 실패 속에서도 주의 은총의 손길을 보는 강한 자가 되게 하소서." **라빈드라나르 타고르**

소망, 인내, 기도 중 나에게 부족한 것이 무엇인지 생각하고 기도부터 다시 시작하자.

그리스도인의 생활 표준 5

성도들의 쓸 것을 공급하며 손 대접하기를 힘쓰라 (12:13)

미국의 어느 서커스 매표소에서 있었던 일이다. 한 아버지가 무려 여덟 명의 자녀들과 함께 매표소 앞에 서 있었다. "아이 여덟, 성인 둘이요." 매표소 직원이 입장료를 말하자, 순간 아버지의 입술이 떨렸다. "방금 얼마라고 했소?" 아무래도 돈이 모자라는 모양이었다. 그때였다. 상황을 뒤에서 지켜보던 한 남자가 주머니에 손을 넣더니 20달러를 바닥에 떨어뜨렸다. 그리고는 아버지의 어깨를 두드리며 말했다. "방금 당신 호주머니에서 돈이 떨어졌소."

아버지는 무슨 의미인지 금방 알아차렸다. 남자의 눈을 쳐다보고 울먹이며 속삭였다. "고맙소. 우리 가족에게 일평생 가장 큰 선물이 될 것이오." 그렇게 그 가족은 공연장으로 들어갔다. 하지만 주머니를 털어 돈을 내준 남자는 아들과 함께 집으로 돌아와야만 했다. 그 역시 넉넉한 형편은 아니었기에 돈이 모자랐던 것이다. 그날 밤 그의 아들은 일기장에 이렇게 썼다고 한다.

"오늘 저녁 우리는 서커스를 구경하지 못했다. 그러나
서커스를 본 것보다 난 훨씬 더 행복하다."

그리스도인의 생활 표준 그 아홉, 열 번째는 배려와 환
대다. 배려는 어려운 성도의 필요와 궁핍을 도와주고, 곤
궁에 함께하는 것이다. "성도들의 쓸 것을 공급하며" 이런
배려는 상대의 자존심을 세우며 은밀히 도움을 주어(마
6:4), 위로와 용기를 얻게 하는 것이다(빌 4:13).

환대는 나그네 된 이들을 배려하고 환영하는 것이다
(히 13:2). "손 대접하기를 힘쓰라" 당시는 길이 험하고 척
박하여 어려운 나그네들이 많았다. 그리스도인은 그들을
배려하고 환대해야 한다. 마치 그가 평안해야 나도 평안
한 것처럼, 마음과 정성으로 대해야 한다.

주변을 돌아보고 나의 배려와 환대가 필요한 이를
찾아 구체적으로 실천하자.

축복하는 삶

너희를 박해하는 자를 축복하라 축복하고 저주하지 말라 (12:14)

"축복받은 사람은/ 그들이 어디를 가든 항상 축복의 말을 한다는 것이네. (중략) 축복받은 사람은/ 항상 다른 사람을 축복하네." **헨리 나우웬**

우리는 다양한 사람들 가운데서 살아간다. 그중에는 좋은 이웃만 아니라, 원수 같은 사람도 있기 마련이다. 그런 이들을 어떻게 대해야 하는가(롬 12:14~21)?

성경이 가르치는 '이웃을 향한 대원칙'은 신앙의 연장선에 놓여 있다. 하나님과 우리의 관계를 '신앙'이라고 한다면, 이웃과 우리의 관계는 그 신앙이 삶으로 드러나는 예배의 현장이다. 이 삶의 예배는 아가페 사랑으로 드려진다. 그래서 작은 자를 사랑하는 것이 그리스도를 사랑하는 것이고, 이웃을 용서하는 것이 곧 내가 용서받는 길이 된다(마 18:35, 25:40).

이런 신앙의 관점으로 박해하는 자를 대해야 한다. 그

들도 하나님의 사랑을 받고 구원을 받아야 하는 자이기 때문이다. 예수께서 제자들을 파송하실 때 어느 집에 가든지 "평안하기를 빌라"(마 10:12)라고 말씀하셨다. 빌어 준 평안이 그 집에 합당하면 그 가정에 임할 것이고, 합당치 않으면 내게 돌아오는 것이다.

반대도 마찬가지다. 내가 저주한 그 저주가 그에게 합당치 않으면 나에게 돌아올 것이다. 그러니 미워하고, 저주하고 싶은 사람일수록 더욱 복을 빌어야 한다. 이것이 성경이 가르치는 신앙적 삶이다(벧전 3:9).

누군가를 미워하고 저주했던 일을 회개하고, 진심을 다하여 마음으로 축복하자.

09

18 공감 능력

즐거워하는 자들과 함께 즐거워하고 우는 자들과 함께 울라
(12:15)

사람을 만나다 보면 저마다 느끼게 되는 것이 있다. 만나면 만날수록 기쁨은 배가 되고 슬픔은 반으로 줄어드는 사람이 있다. 반대로 만나면 만날수록 속상해지고 더 힘들어지는 사람이 있다. 나는 어떤 사람인가? 사람들과 어떤 관계를 맺어 가고 있는가?

관계는 언제나 감정의 소통을 바탕으로 이루어져야 한다. 곧 '공감 능력'이 필요하다. 상대의 즐거움에 함께 기뻐하고, 상대의 곤경에 함께 아파하는 것이다. 공감이 인정이고 존중이며 배려이다(요 2:2, 11:35). 이웃 사랑은 공감에서 시작되고, 공감으로 자라난다. 그렇다면 이 공감 능력은 어떻게 체득할 수 있는가?

첫째로 겸손이다. 겸손은 나를 낮추고 상대를 나보다 낮게 여겨 존중하는 것이다(빌 2:3). 작은 것도 그가 소중히 여기는 것이면 같은 마음으로 귀히 여긴다. 이런 겸손

함을 갖는 것만으로도 공감 능력은 향상된다.

둘째로 경청이다. 경청은 상대를 소중히 여기고 존중
한다는 사인이다. 경청은 자세부터 다르다. 그에게로 몸
을 향하고, 눈을 마주하며, 긍정의 말로 화답한다. 특히
경청의 태도는 공감 능력을 놀랍도록 키워 준다. 누군가
의 말을 귀 기울여 들을 때 그와의 사귐이 깊어지고 마음
깊은 공감이 일어나기 때문이다.

겸손과 경청이 얼마나 중요한지 디트리히 본회퍼
(Dietrich Bonhoeffer)는 이런 말을 남겼다.

> "형제의 말에 귀를 기울이지 않는 이는 조만간 하나님께
> 도 귀를 기울이지 않을 것이다. 그는 하나님 앞에서도
> 자기 말만 재잘거릴 것이다. (중략) 이것은 영적 삶의 죽
> 음을 알리는 신호다." **디트리히 본회퍼**

오늘 하루 말을 많이 하기보다는, 겸손하게 경청하
는 태도를 배우고 익혀 보자.

화목을 위한 교훈

서로 마음을 같이하며 높은 데 마음을 두지 말고 도리어 낮은 데
처하며 스스로 지혜 있는 체 하지 말라 (12:16)

19세기 미국 대부흥을 이끌었던 드와이트 무디(Dwight
Moody)가 하루는 집회를 인도하기 위해 영국에 가게 되었
다. 그는 평소 존경하던 찰스 스펄전(Charles Spurgeon)을
만나고 싶어 집으로 찾아갔다. 그런데 이게 웬일인가? 집
에서 나오는 스펄전은 입에 파이프를 물고 있었다.

너무 놀란 무디가 "아니, 목사님이 어떻게 담배를 피웁
니까"라고 물었다. 그러자 스펄전은 장난스럽게 그의 뚱
뚱한 배를 쿡 찌르며 이렇게 응수했다고 한다. "아니, 목
사님이 어떻게 배가 나올 수 있습니까?"

이 일화는 지역과 문화에 따라 기독교가 다르게 적용
될 수 있음을 보여 준다. 미국 보수 교단은 술과 담배를
죄악시한다. 한편 유럽 교회는 주초(酒草)에는 너그럽지
만 뚱뚱한 몸은 탐식과 게으름의 결과로 여겨 죄악시한
다. 그렇다면 우리는 서로 다른 문화 속에서도 어떻게 화

목할 수 있는가? 사도는 이에 대한 원칙을 제시한다.

첫째, 서로 마음을 같이하라. 이를 영어 성경은 "live in harmony"(NIV)로 번역했는데, 무엇을 하든지 먼저 조화를 이루어야 함을 말한다. 곧 화목을 제일의 과제로 생각하라는 것이다(시 133:1, 마 5:24). 둘째, 힘써 겸손을 유지하라. 대접받고 높은 자리에 있고 싶은 것은 인지상정이다. 그럴수록 나보다 남을 높여야 화목하고, 화평이 유지된다(눅 14:8). 셋째, 지도자로 자처하지 말라. 내가 비천한 죄인임을 인식하고 지도자보다는 섬기는 자로서, 모든 이를 온유로 대하고 성령의 인도를 따르는 것이다.

> "촛불은 하늘을 우러러 낮아진다/ 초가 불꽃 아래로 제 몸 밖으로/ 자꾸 눈물을 흘리는 까닭은/ 천상을 바라보면 바라볼수록/ 제 몸이 낮아지기 때문이다." 이문재

그동안 화목하지 못했던 관계를 돌아보고, 먼저 십자가 사랑으로 화목하길 다짐하자.

옳고 그름을 넘어

아무에게도 악을 악으로 갚지 말고 모든 사람 앞에서 선한 일을 도모하라 (12:17)

사도는 우리가 악과 원수를 어떻게 대해야 하는지 반복해서 말씀한다. 이 과정에 네 개의 부정 명령과 긍정 명령이 서로 교차 대조된다. ① 저주하지 말라/축복하라(14절). ② 악을 악으로 갚지 말라/선한 일을 도모하라(17절). ③ 원수를 갚지 말라/하나님의 진노하심에 맡기라(19절). ④ 악에게 지지 말라/선으로 악을 이기라(21절).

이는 같은 내용의 서로 다른 표현으로, 보복과 복수가 금지되어 있는 예수 제자의 삶을 따르는 것이다(마 5:38~42). 특히 본문은 억울한 일을 당했을 때, 원한이나 분노에 매이지 않기 위해 "선한 일을 도모하라"라고 명령한다.

중국의 기독교 지도자 워치만 니(Watchman Nee)는 이에 관한 아주 재미있는 이야기를 들려준다. 어느 해 중국에 심한 가뭄이 들었다. 다행히 한 크리스천 농부의 논에 아직 물이 남아 있었다. 그런데 새벽에 나가 보니 자신의 논에서 이웃 논으로 물이 빠져나가 있었다. 마음이 상한 그는 얼른 다시 자신의 논으로 물을 돌려놓았다. 다음 날 새벽에 보니 또 이웃이 물을 가져가 버렸다.

그러기를 수차례, 농부는 억울함에 푸념 섞인 기도를 드렸다. 그러자 하나님이 말씀하셨다. "아들아, 넌 언제까지 옳고 그름을 따지려 하니. 이제 나를 위해 위대한 일을 할 수는 없겠니?" 그날 밤 농부는 논으로 나갔다. 그리고 먼저 자신의 논에서 이웃의 논으로 물길을 내었다. 물이 이웃의 논으로 흘러가는 것을 보며, 그는 자신의 마음속에도 생수의 강이 흐르는 것을 느낄 수 있었다.

"너에게 달라는 사람에게는 주고, 네 것을 가져가는 사람에게서 도로 찾으려고 하지 말아라. 너희는 남에게 대접을 받고자 하는 대로 남을 대접하여라." **눅 6:30~31, 새번역**

옳고 그름을 넘어, 말씀에 순종하는 위대한 일을 행하기로 결단하고 시도하자.

화평의 기술

할 수 있거든 너희로서는 모든 사람과 더불어 화목하라 (12:18)

화평은 우리 인생에 매우 중요한 은혜요, 사명이다. 화평이 깨지면 우리가 누리는 모든 좋은 것도 함께 잃어버리는 고통과 불행을 겪게 된다. 그래서 예수님은 세상 어디에서든 우리를 '화평케 하는 자(peace maker, 마 5:9)'로 부르셨다. 바울 역시 우리를 향해 "모든 사람과 더불어 화목(화평)하라"라고 권면한다. 그런데 한 가지 단서가 달려 있다. "할 수 있거든" 이것은 무슨 의미인가?

하나, 화평은 쉽지 않다. 말로 되는 것이 아니고, 거저 오는 것도 아니다. 화평을 이루기 위한 굳센 믿음과 희생을 각오해야 한다. 나의 손해와 희생을 제물 삼아 화평은 이루어진다.

둘, 화평에는 한계가 있다. 모든 자와 화평을 추구한다고 해서 악한 자와 함께 악을 행할 수는 없는 노릇이다. 따라서 화평을 위해 온갖 노력을 다하더라도 분명 한계는 존재한다.

셋, 하나님 은혜를 구하라. 화평은 사람의 뜻과 능력만으로 이룰 수 없다. 화평의 주 하나님께서 지혜와 능력을 주시고, 화평의 길을 열어 주셔야 우리 안에 화평의 열매를 맺을 수 있다.

"평화의 성령이여, 오소서. 그리고 우리에게 용서하는 기술을 가르쳐 주소서. 화해하는 기술, 인내의 기술, 서로 존경하는 기술, 서로 나누는 기술, 단결하는 기술, 모든 사람을 받아들일 줄 아는 기술을 가르쳐 주소서. 그들을 적으로서가 아니라 하나님의 선물, 내 형제자매로 받아들이는 기술을 말입니다. 우리가 이 세상에 당신 평화의 나라를 건설하는 그런 기술자들이 되도록 이끌어 주소서. 아멘." **꼰솔라따 선교수도회 기도문**

화평케 하는 자로서, 가정과 교회와 직장에서 할 수 있는 만큼 화평을 이루자.

하나님께 맡기라

내 사랑하는 자들아 너희가 친히 원수를 갚지 말고 하나님의 진
노하심에 맡기라 기록되었으되 원수 갚는 것이 내게 있으니 내가
갚으리라고 주께서 말씀하시니라 (12:19)

원수를 사랑하라는 말씀을 들으면 흔히 이런 반응을
하곤 한다. "그렇다면 억울해서 어떻게 하는가? 악이 간과
되고 마는 것이 아닌가?" 그렇지 않다. 성경이 원수를 갚
지 말라고 해서 그 악을 가벼이 여기는 것은 아니다. 사도
는 그 악과 원수를 하나님께서 갚아 주신다고 말씀한다.
원수 갚는 것, 곧 처벌은 개인의 권한이 아니라 의로운 재
판장이신 하나님의 권한이기 때문이다(롬 2:5~6).

예수님은 "칼을 가지는 자는 다 칼로 망하느니라"(마
26:52)라고 말씀하셨다. 개인이 원수를 갚거나 보복할 때,
도리어 더 많은 불행이 일어나곤 한다. 먼저 그 자신이 원
한에 사로잡혀 인생이 피폐해진다. 또한 인간의 보복은
감정적이어서 정당한 심판이 이뤄질 수 없다. 더 잔인하
고 처참한 보복으로 치닫게 된다. 그러면 보복당한 측에
서 새로운 원한을 가지게 되어 보복의 악순환이 일어나게

된다. 결국 모두가 함께 망하게 되는 것이다.

다행히도 현대 사회는 국가가 사법 제도를 정비하고 공의를 집행하는 역할을 담당하고 있다(롬 13:4). 그러나 그것은 완벽하지 않으며 완벽할 수도 없다. 여전히 인간의 일이기 때문이다. 악한 일, 억울한 일, 답답한 일 속에서도 소망을 품고 주의 심판을 기다리는 것은 심히 지난한 일이다. 사람의 능력으로는 할 수 없는 일이다. 그래서 우리는 성령의 도우심을 구하며 기도해야 한다.

> "주 나의 하나님, 내가 주님께로 피합니다. 나를 뒤쫓는 모든 사람에게서 나를 구원하여 주시고, 건져 주십시오. 악한 자의 악행을 뿌리 뽑아 주시고 의인은 굳게 세워 주십시오. 주님은 의로우신 하나님, 사람의 마음 속 생각을 낱낱이 살피시는 분이십니다." **시 7:1, 9, 새번역**

섭섭한 일, 억울한 일을 전부 하나님께 맡기며 기도하고, 소망으로 오늘을 살자.

원수를 사랑할 수 있는가?

네 원수가 주리거든 먹이고 목마르거든 마시게 하라 그리함으로
네가 숯불을 그 머리에 쌓아 놓으리라 (12:20)

빅토르 위고(Victor Hugo)의 『레 미제라블』에는 미리엘
주교에게 은혜를 입는 장 발장의 이야기가 나온다. 그는
주교에게 음식을 얻어먹고 쉴 곳도 얻었지만, 은식기를
훔쳐 달아난다. 그러다 경관에게 잡혀 다시 주교에게 끌
려온다. 경관이 묻는다. "이 자가 그러는데 주교님이 은식
기를 주셨다던데요." 그러자 주교가 대답한다.

> "그의 말이 맞네. 그런데 서둘러 떠나느라 정신이 없어
> 은촛대를 잊었더군. 가장 값나가는 것인데. 경관, 풀어
> 주게. 이 자는 진실을 말했어."

그리스도인에게는 원수가 없다. 누군가가 나를 악으
로 대해도 결코 되갚지 않는다. 왜 그럴 수 있는가? ① 나
역시 하나님의 원수였으나 은혜로 자녀가 되었기 때문이

다. ② 원한을 품으면 기도가 막히고, 내 삶이 지옥이 되기 때문이다. ③ 회개로 인한 생명의 역사가 일어나지 않기 때문이다.

상대의 마음을 움직일 수 있는 것은 미움과 보복이 아니다. 오직 진실한 사랑의 섬김뿐이다. 그럴 때 성령의 역사로 말미암아 언젠가는 마치 머리에 숯불을 쌓아 놓은 것 같은 부끄러움을 느껴 선한 사람으로 돌아올 수 있다.

미리엘 주교의 은혜를 받은 장 발장은 그 사랑을 떠올리며 자신도 사랑의 길로 나선다. 사랑의 길로 직진한다. 마지막 운명의 시간에 그는 이렇게 노래한다.

"기억해요. 이 사실을 명심해요. 이웃을 사랑하는 자만이 주를 볼 수 있어요."

이웃을 사랑할 힘을 달라고 기도하고, 실제로 가능성 없어 보이는 사랑을 시도하자.

역설적인 십계명

악에게 지지 말고 선으로 악을 이기라 (12:21)

이 말씀은 12장의 절정이요 결론이다. 십자가 속량을 믿음으로 구원받은 우리는 이제 거룩한 산 제물로 드려졌다. 마음을 새롭게 함으로 변화를 받아 하나님의 뜻을 분별하고, 주 뜻대로 살고자 한다. 이를 한 문장으로 요약하면 '악에 지지 않고 선으로 악을 이기는 삶'이다.

악에 지지 않으려면 악의 영향권에 들지 않아야 한다. 상대가 어찌하든 나는 선을 도모하는 것이다. 축복하고(14절), 공감 능력을 키우고(15절), 겸손히 대하고(16절), 화목하고(17절), 하나님께 맡기고(19절), 사랑하며 섬기는(20절) 삶을 사는 것이다. 이것이 선으로 악을 이기는 것이다. 이런 삶을 아주 잘 설명하는 '역설적인 십계명'이라는 글이 있어 소개한다.

"① 사람들은 논리적이지 않고 불합리하며 자기중심적이다. 그래도 그들을 사랑하라. ② 당신이 선한 일을 하면 속셈이 있다고 비난할지 모른다. 그래도 선한 일을 하라. ③ 당신이 성공하면 거짓 친구와 숨은 적들이 생길 수 있다. 그래도 성공하라. ④ 오늘 선한 일을 한 것이 내일이면 허사가 될 수도 있다. 그래도 선한 일을 하라. ⑤ 정직하고 성실하면 불이익을 당할지 모른다. 그래도 정직하라. ⑥ 큰 뜻을 품고 살아가다 졸장부에 의해 넘어질 수 있다. 그래도 큰 뜻을 품어라. ⑦ 사람들은 약자의 편을 들면서도 강자만을 따른다. 그래도 약자를 위해 투쟁하라. ⑧ 오랫동안 쌓은 공든 탑이 하룻밤 사이에 무너질 수 있다. 그래도 쌓아 올려라. ⑨ 도움이 필요한 이에게 도움을 주고도 공격을 받을 수 있다. 그래도 그들을 도우라. ⑩ 당신이 가진 최선의 것을 주고도 호되게 당할 수 있다. 그래도 최선의 것을 주라." **켄트 키스**

말씀과 역설적인 십계명을 가슴에 새기고, 내게 부족한 것을 점검하여 보완하자.

25 교회와 국가

> 각 사람은 위에 있는 권세들에게 복종하라 권세는 하나님으로부
> 터 나지 않음이 없나니 모든 권세는 다 하나님께서 정하신 바라
> (13:1)

이 말씀은 역사 속에서 숱한 논란과 함께 오용되고 악용되어 왔다. 독재자와 악한 정권은 이 말씀을 빙자하여 교회에 복종을 강요하곤 했다. 보수 성향의 교회는 이 말씀을 근거로 악한 권력을 옹호하고 동조하기도 했다. 진보 성향의 교회는 이 말씀에 강한 거부감을 느끼고 정치 행동에 나서기도 했다.

본문은 도대체 어떤 의미인가? 한 가지 분명한 사실은 성경을 볼 때 언제든 한 구절에 매이지 말고, 통합적 시각으로 보아야 한다는 것이다.

첫째로 이 구절은 권세(권위)에 대한 성경의 일반적 원칙을 제시한 것이다. 세상 권세는 하나님께서 섭리 가운데 정하시고 위임한 신적 권위라는 사실을 알아야 한다 (요 19:11).

둘째로 교회는 국가가 하나님의 뜻대로 권세를 바르

게 사용하는지 깨어서 분별해야 한다는 것이다(롬 12:2). 권세가 나라의 질서와 국민의 안녕을 위한 선한 권세이면 복종하고, 악한 권세라면 단호히 거절해야 한다.

셋째로 잘못된 요구는 거절하되, 권세자에 대한 순종의 태도와 예의는 잃지 않아야 한다는 것이다(단 4:17, 25, 32). 또한 그로 인한 고난과 박해는 각오하고 견뎌야 한다. 하나님의 의가 반드시 승리할 것을 믿고 소망하며 어떤 경우에도 악을 악으로 대하지 않고, 선으로 악을 이겨야 한다(롬 12:21).

> "주님은 나에게 진리를 보여 주십니다. 주님 앞에서는 세상의 권력, 명예, 재물이 아무 소용이 없으며, 아무 도움도 되지 못합니다. 교회가 늘 깨어 진리로 행하게 하소서." **마틴 루터**

권세자들을 위해 기도하고, 복종과 거절을 분별하는 지혜와 용기를 구하자.

동반자로서의 교회

> 그러므로 권세를 거스르는 자는 하나님의 명을 거스름이니 거스르는 자들은 심판을 자취하리라 (13:2)

기독교 역사를 돌아보면 교회는 국가 또는 정치권력과 다양한 형태의 관계를 맺어 왔다. 그것을 크게 네 가지 입장으로 정리할 수 있다.

① 국가 통치론, 국가가 교회를 통제해야 한다는 입장이다. ② 신정 정치론, 교회가 국가를 통제해야 한다는 입장이다. ③ 타협론, 교회와 국가가 서로 편의를 주고받아야 한다는 입장이다. ④ 동반자론, 교회와 국가가 서로 다른 사명과 책임이 있음을 인정하는 입장이다.

로마서가 기록된 당시는 국가와 정치권력이 교회에 대해 우호적이지 않거나 적대적이었다. 그럼에도 사도 바울은 '동반자론'을 염두에 두고 있다. 이에 근거한 교회와 국가의 관계는 다음과 같다.

하나, 교회와 국가는 둘 다 하나님의 주권 하에 있다. 모든 것은 하나님이 다스리신다. 둘, 국가의 사명은 나라의 주권과 국민의 안녕과 평화로운 삶이다. 이를 위해 권력을 행사하고, 질서를 유지하고, 나라와 국민을 지켜야 한다. 셋, 세상에 하나님 나라를 세우는 것이 교회의 사명이다. 그리스도의 복음과 사랑을 힘써 전하고 실천하며, 권력에 대해서는 예언자적 사명을 감당해야 한다.

교회는 무작정 권력을 비호하고 권세에 굴복하지 않는다. 위와 같은 원칙에 근거하여 국가가 정당한 권력을 행사할 때 교회는 순복하고, 참여하는 것이다. 국가가 그렇지 아니하면 교회는 하나님 말씀의 능력을 신뢰하며, 담대히 거부하는 것이다. 언제나 하나님 말씀이 먼저이고, 다음이 국가이다.

"하나님을 두려워하며, 왕을 공경하십시오." **벧전 2:17, 새 번역**

나라를 위해 기도하고, 이웃 사랑을 실천하면서 선지자적 사명을 감당하자.

교회와 정치 1

> 다스리는 자들은 선한 일에 대하여 두려움이 되지 않고 악한 일
> 에 대하여 되나니 네가 권세를 두려워하지 아니하려느냐 선을 행
> 하라 그리하면 그에게 칭찬을 받으리라 (13:3)

나는 평생 정치를 하지 않았다. 그러나 동시에 평생 정치를 해 왔다. 정치를 안 했다는 것은 공적 영역에서 정치를 안 했다는 것이고, 정치를 했다는 것은 삶의 영역에서 정치를 해 왔다는 것이다. 흔히 '정치' 하면 교회 내에서 피해야 할 키워드라고 생각하겠지만, 그것은 오해다.

인간은 사회 속에서 살아가기에 누구에게나 다양한 이해관계가 생긴다. 이를 조정하여 '공동선(共同善)'을 실현하는 것이 정치다. 정치가 없거나 잘못되면 나라뿐 아니라 가정과 회사, 교회에도 무질서와 혼돈이 난무한다. 정치는 어디든 있어야 하고, 누구든 정치를 해야 한다.

공동의 선을 실현하기 위해서는 법이라는 원칙이 있어야 한다. 그러나 교회에는 법을 넘어서는 절대 원칙이 있다. 성경, 곧 하나님 말씀이다(딤후 3:16~17). 성경에는 세 가지 윤리 원칙이 담겨 있다.

하나, 개인과 개인 사이의 윤리 원칙이다. 십계명을 따라 너와 내가 하나님을 사랑하고 이웃을 사랑하는 것이다. 둘, 개인과 국가 사이의 윤리 원칙이다. 권력자에게 순복하고, 국민의 의무(납세, 국방, 교육 등)를 다하는 것이다. 셋, 교회와 국가 사이의 윤리 원칙이다. 권력자를 위해 기도하고(딤전 2:2), 그들이 악한 길로 가지 않도록 경계하고, 선도하는 선지자의 책무를 다하는 것이다.

이를 위해서는 교회가 높은 도덕성을 갖추어야 한다. 교회를 통해 이런 선한 정치가 일어날 때 세상에 평화가 깃들고, 교회가 존중과 칭찬을 받게 될 것이다(마 5:16).

"스스로 통치하려는 마음을 갖지 않으면, 그에 대한 최대의 벌은 자기보다 못한 사람에게 통치를 당하는 것이다." **플라톤**

삶 속에서 세 가지 윤리 원칙으로 선하게 정치할 것을 기도하고, 시도하자.

부끄러운 역사 앞에서

그는 하나님의 사역자가 되어 네게 선을 베푸는 자니라 그러나
네가 악을 행하거든 두려워하라 그가 공연히 칼을 가지지 아니하
였으니 곧 하나님의 사역자가 되어 악을 행하는 자에게 진노하심
을 따라 보응하는 자니라 (13:4)

　　권력자가 하나님을 두려워하고, 나라의 안녕과 국민
의 평화를 위하는 마음으로 정치한다면, 이 얼마나 감사
하고 복된 일인가! 이를 위해서 교회는 힘써 기도해야 한
다. 그러나 현실은 그렇지 못한 경우가 많다. 역사상 악한
권세가 수없이 나타났다. 신약 시대의 헤롯, 네로, 도미티
아누스부터 현대의 히틀러, 스탈린, 이디 아민, 사담 후세
인, 김일성 등이다.

　　안타깝게도 이런 악한 권력자가 나타났을 때, 교회가
단호히 거부하지 못하고 도리어 그들 편에 섰던 경우가
적지 않다. 한국 교회도 일제 치하에서 신사참배에 참여
하거나 군사 독재 시대에 정권 편에 섰던 부끄러운 과거
가 있다. 다시는 이런 후회스러운 역사를 되풀이하지 않
기 위해서 우리는 자신을 돌아보아야 한다.

1945년 10월 19일, 독일의 개신 교회는 나치 정권에 교회가 동조한 것, 단호히 거부하지 못하고 담대히 투쟁하지 못한 것을 회개하며 참회의 기도를 드렸다. 이것이 이른바 '슈투트가르트 죄책 고백문'이다.

"하나, 더욱 용감하게 신앙을 고백하지 못한 죄를 자백합니다. 둘, 더 진실하게 기도하지 못한 죄를 자백합니다. 셋, 더 감사와 기쁨에 넘쳐 살지 못한 죄를 자백합니다. 넷, 더 뜨겁게 사랑하지 못한 죄를 자백합니다."

그날의 회개가 오늘 우리에게도 있어야 한다. 우리 안에는 이런 죄와 연약함이 없는지 성찰하고, 회개하여 마음을 새롭게 해야 한다(롬 12:2).

불의와 악을 거부하지 못했거나, 혹은 동조했던 적은 없었는지 돌아보고 회개하자.

교회와 정치 2

그러므로 복종하지 아니할 수 없으니 진노 때문에 할 것이 아니라 양심을 따라 할 것이라 (13:5)

"정치의 목적은 선을 행하기 쉽고, 악은 행하기 어려운 사회를 건설하는 데 있다." W. 이워트 글래드스턴

태초에 에덴동산에도 정치가 있었다(창 1:28, 2:16~17). 사람이 사는 곳은 그 어디나 정치가 있다. 교회도 예외가 아니다. 교회에도 정치가 있다. 교회 정치는 두 가지 방향의 정치다. 하나는 성경의 윤리 원칙에 근거한 교회 공동체를 위한 '다스림의 정치'다. 다른 하나는 세상에 하나님 나라를 세우기 위한 '선한 영향력의 정치'다. 곧 성경에 근거한 원칙을 제시하고, 선한 것은 보수하고, 악한 것은 개혁하고자 선한 영향력을 미치는 것이다.

그렇다고 교회가 정치 단체나 정당을 만들어야 하는가? 그렇지는 않다. 도리어 현실 정치를 하는 순간 한쪽 편에 속한 이해 집단이 되어 '교회의 본래성'을 상실하기

쉬워진다. 더는 교회가 아니라, 변질하고 타락한 정치 집단으로 희화화되고 마는 것이다.

교회는 교육하지만 교육 기관이 아니다. 교회는 구제하지만 구제 단체가 아니다. 교회는 문화 예술을 하지만 문화 예술 단체가 아니다. 교회는 환경 보존을 하지만, 환경 보존 기관이 아니다. 교회는 인권 복지를 하지만 인권 복지 단체가 아니다. 교회는 민족 통일을 구하지만 통일 단체가 아니다.

마찬가지로 교회는 정치를 하지만, 정치 단체는 아니다. 교회는 '그리스도의 몸'으로, 이 모든 것을 이끄는 진리의 기둥이요 터전이다(딤전 3:15). 교회는 성경에 근거한 선한 양심에 따라 세상을 살리는 구원 공동체이다. 그러니 교회여, 정치에 나서지 말고 정치가 되게 하라.

내가 있는 자리에서 복음에 의한, 복음을 위한, 복음을 통한 선한 영향력을 발휘하자.

세상 속 하나님의 일꾼

너희가 조세를 바치는 것도 이로 말미암음이라 그들이 하나님의
일꾼이 되어 바로 이 일에 항상 힘쓰느니라 (13:6)

교회에도 정치가 있다. 교회는 하나님 나라 구현을 위해 정치를 한다. 이는 교회가 나서서 현실 정치를 하는 것이 아니다. 국가에 선한 정치가 작동하도록 원칙을 제시하고, 격려하고, 경계하고, 비판하는 것이다.

그뿐 아니라 '하나님의 일꾼'을 세상에 파송하여 그로 하나님 나라 실현을 위한 정치를 시도할 수도 있다. 그를 귀한 직무를 감당하는 하나님의 일꾼으로 여기며(롬 15:16, 고후 9:12) 위해서 기도하고 후원하는 것이다.

영국의 정치인 윌리엄 윌버포스(William Wilberforce)는 노예제 폐지와 사회의 도덕성 회복을 위한 소명을 받고, 이를 위해 일생을 헌신했다. 그가 하나님의 일꾼으로서 감당한 선한 정치는 영국을 비롯한 온 세상에서 노예 제도가 사라지는 데 좋은 밑거름이 되었다.

이런 그도 소명을 잃을 뻔한 때가 있었다. 그는 세속적

인 정치를 집어치우고 영적인 목회자가 되고자 했다. 그때 다행스럽게도 한 목사가 그에게 정계에 남아 사명을 감당하라고 설득하며 조언했다.

> "나는 주님이 국가를 위해 일하도록 당신을 세우셨다고
> 믿고 있으며 또 그렇게 되길 기대한다." **존 뉴턴**

윌버포스는 깊은 숙고와 기도 끝에 뉴턴의 조언이 옳다는 결론을 내렸다. 그리고 자신의 일기에 이렇게 썼다 (1788). "나의 길은 공적인 길이며, 내가 일할 곳은 세상이다." 바로 이것이 교회가 힘써 해야 하는 정치이며, 교회에 주어진 공적인 사명이다.

내 삶의 자리에서 하나님의 일꾼으로 살기를 결단하고, 주어진 일을 힘써 감당하자.

10

화평의 길을 함께

10월

단풍 물든 언덕길

서로의 손을 잡고 걷네.

우리가 나누는 화평의 소리에

황금빛 잎들이 하늘하늘 춤춘다.

그러므로 우리가 화평의 일과
서로 덕을 세우는 일을
힘쓰나니(롬 14:19)

♣ 빈 의자는 나와 함께하시는
그리스도를 뜻한다.

낙엽처럼

시간이 흘러 떠나기 전에

서로 하늘 둔덕이 되어

삶에 빛을 더하며 함께 걷게 하소서.

01 낯선 자의 음성을 듣지 않는다

> 모든 자에게 줄 것을 주되 조세를 받을 자에게 조세를 바치고 관
> 세를 받을 자에게 관세를 바치고 두려워할 자를 두려워하며 존경
> 할 자를 존경하라 (13:7)

요한복음 17장에는 예수님의 '대제사장 기도'가 나온
다. 그 기도를 살펴보면 교회가 무엇인지, 교회의 존재와
사명이 무엇인지를 아주 분명히 이해하게 된다. 그 내용
을 네 가지로 정리해 본다.

① 교회는 세상 속에 존재한다(요 17:11, in the world).
당연히 국가를 인정하고, 통치자를 존중하며, 법과 질서
를 지키고, 조세와 같은 국민의 의무를 감당해야 한다.

② 교회는 세상이 아니라 그리스도께 속해 있다(요
17:16, not in the world). 교회는 정부, 정당, 단체, 기관에 속
하지 않는다. 따라서 교회와 국가는 긴장 관계에 있다.

③ 교회는 세상과 구별된 거룩한 공동체다(요 17:17, out
of the world). 교회의 권위와 능력은 사도신경, 주기도, 십
계명을 근간으로 하는 거룩한 삶에서 나온다.

④ 교회는 세상으로 보냄받았다(요 17:18, into the

world). 세상에서 교회는 세 가지 사명을 감당한다. 세상의 죄를 책망하는 선지자적 사명, 세상을 화평케 하는 제사장적 사명, 세상에 복음을 선포하고 약한 자를 섬기는 왕적 사명이다. 이 사명을 위해 교회가 늘 깨어 점검해야 하는 것이 있다. 진리에 대한 분별이다. 교회는 세상을 따르지 않고, 오직 그리스도만을 따라야 한다(요 10:27).

20세기를 대표하는 신학자 칼 바르트(Karl Barth)는 "교회는 하나님 말씀에서 태어나 그 말씀 안에 머물며 낯선 자의 음성을 듣지 않는다"라고 말했다. 분명 우리는 세상에서 살아간다. 당연히 주어진 의무와 책임을 수긍하고 이행해야 한다. 그럴지라도 한 가지 변하지 않는 것은 모든 것이 하나님께 속해 있다는 것이다. 모든 것은 궁극적으로 하나님의 것이며 하나님께 돌려져 한다. 어떤 국가도, 권력도 하나님보다 우선시 될 수 없다.

교회의 네 가지 사명을 묵상하고, 내가 속한 공동체가 건강히 세워지기를 기도하자.

10

02   언제나 꽃길처럼

피차 사랑의 빚 외에는 아무에게든지 아무 빚도 지지 말라 남을
사랑하는 자는 율법을 다 이루었느니라 **(13:8)**

"큰 것도 아니고/ 아주 작은 한마디/ 지친 나를 안아 주
면서/ 사랑한다/ 정말 사랑한다는/ 그 말을 해 준다면/
나는 사막을 걷는다 해도/ 꽃길이라 생각할 겁니다." **노
사연**

그리스도인은 사랑으로 산다. 날마다 그에게 사랑을
고백하시는 분이 있다. 그 사랑을 위해 자기 아들도 아낌
없이 내어 주신 분이 있다. 바로 하나님이시다(사 43:4, 롬
8:32). 그리스도인의 삶은 이 사랑 위에 세워져 있다.

바울은 교회와 이웃의 관계를 다루면서 '원수를 사랑
하라'라는 메시지로 결론을 맺는다(롬 12:19~21). 그리고
이어서 교회와 국가와의 관계를 다루고 난 후에도 다시
'이웃을 사랑하라'라는 말씀으로 마무리한다(롬 13:9). 그
모든 것이 사랑의 연장선상에 있기 때문이다.

바울은 사랑이 갚을 수 없는 '부채'와 같다고 이야기한다. 우리는 빚져서는 안 된다. 빚을 못 갚으면 채권자의 종이 되고, 주변 사람에게 피해를 끼친다. 빚은 갚아야 한다. 그러나 갚을 수 없는 빚이 있다. 사랑의 빚이다.

우린 이미 많은 사랑의 빚을 졌다. 부모, 스승, 이웃, 나라에 빚을 졌다. 그들의 사랑, 수고, 섬김, 기도로 오늘의 내가 있다. 더욱이 우린 복음에 빚을 졌다. 아무 자격 없는 우리가 하나님의 사랑으로 구원받고 그분의 자녀가 되었다. 그 사랑으로 오늘 내가 사는 것이다.

나는 하늘을 보아도 빚진 자다. 땅을 보아도 빚진 자다. 이렇듯 내가 사랑의 빚진 자임을 자각할 때, 비로소 뜨거운 가슴으로 사랑할 수 있다. 나를 미워하고 핍박하는 자도 사랑하게 된다(요 13:35, 행 7:59, 요일 4:10~11). 그 어려운 사랑의 길을 꽃길처럼 걷게 된다.

한 사람을 택하여 평소의 고마움을 전하고, 새롭게 사랑의 관계를 시작하자.

사랑으로 가득한 세상

> 간음하지 말라, 살인하지 말라, 도둑질하지 말라, 탐내지 말라 한 것과 그 외에 다른 계명이 있을지라도 네 이웃을 네 자신과 같이 사랑하라 하신 그 말씀 가운데 다 들었느니라 (13:9)

인도의 사상가 간디(Gandhi)는 세상과 사회를 파괴하는 일곱 가지 악을 가리켜 "원칙 없는 정치, 노동 없는 부, 윤리 없는 상업, 양심 없는 쾌락, 인성 없는 교육, 인간성 없는 과학, 희생 없는 신앙"이라고 말했다. 그의 분석이 무척 탁월하지 않은가?

그러나 근원적으로 보자면, 사회를 파괴하는 악은 결국 한 가지다. 곧 '사랑 없음'이다. 사랑 없이 행하는 모든 것이 사회악으로 나타난다. 사랑이 없으면 사랑만 없고 마는 것이 아니다. 사랑 없는 인생에서는 어떠한 악도 피어날 수 있다. 한 가지가 없는 것이 아니다. 전체가 결핍이고, 죄가 가득하여 망하는 세상이 된다.

본래 인간은 타락한 죄성 때문에 율법을 이룰 수 없었다(롬 7:21, 24). 온갖 악을 저지르며 살았다. 그러나 십자가 속량을 믿음으로 우리는 구원을 받았고, 성령으로 말미암아 율법의 요구를 이룰 수 있게 되었다(롬 8:3~4).

성령을 좇아 행하면 사랑의 빚은 다 갚을 수 없어도(롬 13:8), 적어도 이웃에게 악을 행하지 않기에 율법을 다 이루게 된다. 십자가 속량을 믿는 자에게 성령으로 말미암는 하나님 사랑이 부은 바 되어(롬 5:5) 이웃 사랑으로 나타나게 된다. 그 사랑으로 인하여 모든 것이 살아나고, 세상은 사랑으로 가득하게 된다.

"주님의 뜻이 내 마음에 기록되어 있고, 주님의 말씀이 나를 영원히 견고케 합니다. 나는 무엇보다 하나님을 사랑하고, 내 이웃을 내 몸처럼 사랑할 것입니다." **크리스티안 겔러트**

하나님 사랑이 내 맘에 부은 바 된 것을 믿고, 오늘 나의 자리를 사랑으로 채우자.

사랑하면 방법이 나온다

사랑은 이웃에게 악을 행하지 아니하나니 그러므로 사랑은 율법의 완성이니라 (13:10)

농촌에서 자란 한 크리스천의 어릴 적 이야기다. 어느 토요일 오후, 그의 아버지가 이야기하셨다. "아들아, 내일은 벼 베는 날이니 교회에 가지 말거라." 그는 고민이 되어 기도했다. 기도 중에 교회 친구와 상의하면 좋겠다는 생각이 들었다. 친구는 대뜸 학생회 친구들과 함께 오늘 밤 벼를 베자고 제안했다. 그렇게 친구들과 달밤에 한 마지기 되는 벼를 다 베었다.

아침이 되어 그가 아버지께 말씀드렸다. "아버지, 저 어젯밤에 벼를 다 베어 놓았어요. 오늘 교회 가도 되지요?" 아버지가 깜짝 놀라 아들의 손을 잡아 보니, 온통 부르터 있었다. 믿음 없는 아버지였지만 큰 감동을 하고 눈물을 글썽이며 말씀하셨다.

"아들아, 네가 믿는 예수가 이런 분이더냐? 이젠 염려 말고 교회에 다니거라."

　어렵고 힘든 관계도 사랑하면 방법이 생긴다. 사랑하면 어찌하든 그를 잘되게 하고 싶은 마음이 생기기 때문이다. 무엇이든지 더 잘해 주고 싶어진다. 최선을 다하고, 모든 것을 다 주고자 한다. 이것이 사랑의 본질이다.

　그래서 사랑하면 방법이 나온다. 하나님이 죄인인 우리를 사랑하사, 구원하기 위해 찾으신 방법이 독생자를 내어 주신 것이고, 십자가에 죽으신 것이다. 사랑으로 하나님께서도 다 이루신 것이다(요 3:16, 롬 5:8).

　우리는 빚진 자다. 복음의 빚진 자요, 사랑의 빚진 자다. 그 은혜로, 그 감격으로, 그 사랑으로 말미암아 모든 것이 가능해졌다. 원수를 사랑하고, 박해하는 자를 축복하고, 선으로 악을 이길 수 있다. 끝까지 사랑하면 결국엔 방법이 나온다(고전 13:13).

　관계가 힘든 사람을 헤아려 보고, 사랑으로 그 관계를 회복할 방법을 찾아보자.

때를 아는 지혜

또한 너희가 이 시기를 알거니와 자다가 깰 때가 벌써 되었으니
이는 이제 우리의 구원이 처음 믿을 때보다 가까웠음이라 (13:11)

인생에서 꼭 필요한 것이 지혜다. 지혜는 분별력이다.
무엇보다 때(시기)를 분별할 수 있어야 한다. 인생의 때,
시대의 때, 구원의 때를 아는 것이 최고의 지혜이기 때문
이다(엡 5:15~16). 지금은 어떤 때인가? 사도는 "자다가 깰
때"라고 말한다. 왜 그런가?

"이제 우리의 구원이 처음 믿을 때보다 가까웠음이라"

먼저 예수 재림으로 인한 구원의 날이 가까웠다. 인류
종말, 하나님 나라 완성으로서의 구원의 날이 다가온다.
아직 그날이 오지 않은 것은 주님께서 아무도 멸망치 않
고, 회개에 이르도록 오래 참고 기다리시기 때문이다(벧후
3:9).

또 육신의 죽음으로 인한 구원이 날이 가까웠다. 하루
하루 더 살수록 나의 종말의 날이 가까워진다. 하루 더 사
는 것이 하루 더 천국에 가까이 가는 것이다. 이렇게 구원

이 가까이 왔으니, 우리의 종말과 남은 날을 계수하고 깨어 살아야 한다(시 39:4). 깨어 산다는 것은 가까워진 구원의 날을 생각하면서 '조금만 더' 힘을 내어 그 나라와 의를 위해 사는 것이다.

"그대가 받는 보수보다 조금만 더 일하라. 그대가 이만하면 되었다고 생각하는 것보다 조금만 더 하나님께 바쳐라. 그대가 족하다고 생각하는 것보다 조금만 더 열심을 내라. 그대가 가능하다고 믿는 것보다 조금만 더 높은 목표를 잡아라. 그대가 지금 유지하고 있는 하나님과의 거리를 조금만 더 가까이 하라. 그대의 불평과 불만보다 조금만 더 많은 감사를 하나님께 드려라. 그대가 땅의 것을 내려다보는 것보다 조금만 더 위의 것을 사모하라." **무명**

나의 종말과 남은 날을 계수하고, 무엇을 조금 더 할 것인지 고민하여 실천하자.

빛의 갑옷을 입자

밤이 깊고 낮이 가까웠으니 그러므로 우리가 어둠의 일을 벗고
빛의 갑옷을 입자 (13:12)

"이 땅은 물러가고, 하늘이 내 앞에 열리고 있다. 나는
마침내 승리하였다. 오늘은 내가 면류관을 쓰는 날이
다. 나는 수년 동안 면류관 쓰기를 고대하고 있었다." **무
디의 임종 고백**

그리스도인은 산 제물로 드려진 자다. 그는 삶의 모
든 관계에서 하나님의 뜻이 무엇인지 분별하며 산다(롬
12:1~2). 여기서 사도는 시기(때)와의 관계에서 하나님 뜻
을 논한다(롬 13:11~14). 지금은 어떤 시기인가? 자다가 깰
때, 우리의 구원이 가까운 때 곧 '밤이 깊고 낮이 가까운
때'이다. 이는 그리스도의 재림이 다가옴을 강조한 것이
다(마 25:11~13, 막 13:29, 벧전 4:7).

그날이 가까웠으니, 우리는 준비해야 한다. 가장 먼저
준비할 것은 어둠의 일을 벗고 빛의 갑옷을 입는 것이다.

'어둠의 옷'은 그리스도인이면서도 여전히 죄에 매여 악한 세대를 따르는 삶이다(눅 16:8, 롬 7:19). '빛의 갑옷'은 빛이신 주님을 힘입어 어둠의 세력과 싸워 이길 수 있도록 무장된 삶이다. 곧 하나님의 전신 갑주다(엡 6:13~17).

일상에서 매일 더러운 옷을 벗고 세탁한 옷을 입듯이, 성도는 매일 어둠의 옷을 벗고 빛의 갑옷을 입어야 한다. 나는 날마다 죽고 그리스도로 사는 것이다. 이렇게 주의 강림을 준비하는 자에게는 그날에 부활의 영광과 함께 의와 승리의 면류관이 예비되어 있다(고후 3:18, 4:14, 딤후 4:8). 이를 확신한 무디는 자신의 묘비에 이 말씀을 새겼다.

이 세상도 사라지고, 이 세상의 욕망도 사라지지만, 하나님의 뜻을 행하는 사람은 영원히 남습니다. **요일 2:17, 새번역**

아침에 깨끗한 옷을 입고 집을 나서듯이, 빛의 갑옷을 입고 하루를 살자.

아무도 보는 이 없을 때

낮에와 같이 단정히 행하고 방탕하거나 술 취하지 말며 음란하거
나 호색하지 말며 다투거나 시기하지 말고 (13:13)

"낮에와 같이 단정히 행하고"

이 말씀을 곰곰이 헤아려 보면 그 앞에 '지금은 밤'이라
는 사실이 전제되었음을 알 수 있다. 그리스도의 재림을
기다리는 성도는 이 시대가 어두운 밤과 같더라도 낮과
같이 단정히 행해야 한다. 그리스도의 신부답게 무엇에든
지 부끄럼 없이 정결하게 사는 것이다.

그리스도인은 결코 어둠의 자식처럼 방탕, 술 취함, 음
란, 호색, 다툼, 시기로 살지 않는다. '하나님이 보이지 않
을지라도 하나님 앞에서(vor Gott ohne Gott, 창 39:9)' 살아간
다. 날마다 내 안에 거하시는 하나님과 사귐을 누리기 때
문이다(요일 1:3, 6).

"아무도 보는 이 없을 때 당신은 누구인가? 아무도 보는
이 없을 때 진정한 인격이 드러난다." **빌 하이벨스**

아무도 보는 이가 없을 때, 혼자 있을 때, 나는 무엇을 하는가? 혼자 있을 때의 내 삶이 다 드러난다 해도 부끄럽지 않을 수 있는가? 언제나 내 안에 주님이 거하심을 믿으며 생활하고 있는가?

아무도 보는 사람이 없을 때조차 말씀을 묵상하며 기도하고, 하나님과 교제하는 기쁨을 알고 누릴 수 있다면, 그는 무엇에든지 하나님과 동행하는 참된 그리스도인이다(빌 4:8). 그가 바로 재림을 기다리는 그리스도의 정결한 신부이다.

아무도 보는 사람이 없을 때, 하나님 앞에서 기도하고 예배하는 습관을 훈련하자.

그리스도를 입으라

오직 주 예수 그리스도로 옷 입고 정욕을 위하여 육신의 일을 도모하지 말라 (13:14)

"나는 내가 지은 죄에 대해 마음으로부터 통회하면서 울고 있었다. 갑자기 이웃집에서 들려오는 말소리가 있었다. 그 말소리가 소년인지 소녀인지 확실히 알 수 없었으나 계속 노래로 반복되었던 말은 '들고 읽어라, 들고 읽어라'였다. (중략) 나는 흐르는 눈물을 그치고 일어섰다. (중략) 나는 급히 돌아와 사도의 책을 집어 들자마자 펴서 내 첫눈에 들어온 구절을 읽었다. 그 구절의 내용은 '방탕하거나 술 취하지 말며 음란하거나 호색하지 말며 다투거나 시기하지 말고 오직 주 예수 그리스도로 옷 입고 정욕을 위하여 육신의 일을 도모하지 말라'(롬 13:13~14)였다. 나는 더는 읽고 싶지도 않고 또한 더 읽을 필요도 없었다. 그 구절을 읽은 후 즉시 확실성의 빛이 내 마음에 들어와 의심의 모든 어두운 그림자를 몰아냈다." **어거스틴**

어거스틴은『고백록』에서 자신의 회심에 대해 기록했
다. 그는 거듭남을 통해 예수 그리스도로 옷 입었다.

그리스도를 입는다는 것은 주의 말씀과 성령의 내적
인 역사로 거듭난 후에 세례를 통해서 그리스도의 죽으심
과 부활에 참여된 것을 의미한다. 이제 나는 십자가에 죽
었음을 알고(롬 6:9), 내 안에 그리스도가 사신다고 여기며
(롬 6:11), 나를 하나님께 드리는 것이다(롬 6:13). 이렇게 그
리스도로 옷 입으면, 이제는 정욕을 위해 육신의 일을 도
모하지 않는다. 주님의 재림을 소망하며 무엇에든지 빛의
자녀로 사는 것이다(엡 5:8~9).

나는 그리스도로 옷 입었는지 점검하고, 더욱 정결
한 생활로 재림을 소망하자.

타인을 위한 공동체

믿음이 연약한 자를 너희가 받되 그의 의견을 비판하지 말라
(14:1)

그리스도인은 무엇으로 사는가? 그는 사랑으로 산다. 하나님의 큰 사랑을 받은 자로서 교회, 이웃, 나라 심지어 원수까지도 끝까지 사랑으로 섬기는 것이다(롬 12:9~21, 13:7~10). 이 사랑은 언제나 교회에서부터 먼저 실천되어야 한다. 그래서 사도는 교회 안의 약한 자들과의 관계에 대해 다시 긴 설명을 이어 간다(롬 14:1~15:13). 여기서 말하는 약한 자는 누구인가?

당시 로마교회에는 우상숭배, 율법주의 등에 빠져 있다가 회심한 그리스도인이 상당수 있었다. 그들은 구원을 받았지만 초신자였다. 어떻게 신앙생활을 해야 할지 몰라 혼란스러워했다. 각종 우상과 음식, 성일과 절기, 율법과 서원 등에서 자유롭지 못했다(고전 6:12).

사도는 교회에서 이런 연약한 자를 비판하지 말고, 형제로 '받아서' 서로 사귐을 가지라고 말씀한다. 이들을 형

제로 받아야 하는 신앙적 이유가 있다.

① 그리스도께서 죄인 된 나를 먼저 받으셨다(롬 5:6~7). ② 그리스도 안에서 우린 한 가족이 되었다(롬 12:10). ③ 그리스도께서 그들을 위해 대신 죽으시고 살아나셨다(롬 14:9). ④ 그리스도께서 친히 그들을 받으셨다(롬 14:3). ⑤ 그들도 그리스도의 것이다(롬 14:8). ⑥ 그리스도께서 그들도 강한 자로 세우실 것이다(롬 14:4). ⑦ 우린 다 하나님의 심판대에 앞에 서게 된다(롬 14:10).

그러므로 우리는 약한 자를 형제로 받아 사랑하며 든든히 세워야 한다. 교회에서부터 사랑 공동체를 시작할 때 우리는 세상에서도 사랑으로 섬길 수 있다.

"교회는 타인을 위해 존재할 때만 교회다." **디트리히 본회퍼**

약한 자를 비난하고 비판했던 것을 회개하고, 화해와 섬김을 시도하자.

10 사랑이면, 나는 좋더라

어떤 사람은 모든 것을 먹을 만한 믿음이 있고 믿음이 연약한 자
는 채소만 먹느니라 먹는 자는 먹지 않는 자를 업신여기지 말고
먹지 않는 자는 먹는 자를 비판하지 말라 이는 하나님이 그를 받
으셨음이라 (14:2~3)

"산에 가면 나는 좋더라/ 바다에 가면 나는 좋더라/ 님

하고 가면/ 더 좋을네라만!" 조운

사랑하는 이와 함께라면 어찌 산만 좋고, 바다만 좋겠
는가? 강가도, 들판도, 오솔길도, 아니 좁은 골목길을 다
녀도 님과 함께라면 행복하다. 꽁보리밥에 반찬 한 가지
라도 배가 부르다. 사랑 하나로 모든 것이 다 아름답고 좋
은 일이 되는 것이다.

구원받은 자로서 우리는 날마다 사랑하는 주님과 함
께한다. 그러니 어찌 먹고 마시는 음식으로 형제를 업신
여기거나 비판할 수 있겠는가? 더욱이 초신자가 양심에
거리낌이 되어 우상에게 드려진 고기나 부정한 음식을 먹
지 않고, 정결한 믿음을 유지하고자 채소만 먹겠다는 것

을 어찌 나무랄 수 있는가? 오히려 그를 위로하고 격려할 일이다.

어떤 음식을 먹는 것이 반드시 죄가 되는 것은 아니다 (딤전 4:3~4). 그러나 형제가 그것으로 인하여 시험에 든다면, 또 교회의 덕을 해친다면 당연히 내가 안 먹고, 안 하는 것이 마땅하다(롬 14:21, 고전 8:13). 이것이 교회 공동체의 형제 사랑이다. 나에게 그리스도의 사랑이 있다면, 형제의 약한 모든 것이 이해되고, 부족한 모든 것이 다 좋게 보인다.

"사랑은 오래 참고, 친절합니다. 사랑은 시기하지 않으며, 뽐내지 않으며, 교만하지 않습니다." **고전 13:4, 새번역**

형제를 비난했던 이유를 돌아보고, 이제 사랑으로 그를 이해하고 바라보기를 시도하자.

아홉 가지 영성의 길

> 어떤 사람은 모든 것을 먹을 만한 믿음이 있고 믿음이 연약한 자
> 는 채소만 먹느니라 먹는 자는 먹지 않는 자를 업신여기지 말고
> 먹지 않는 자는 먹는 자를 비판하지 말라 이는 하나님이 그를 받
> 으셨음이라 (14:2~3)

우리는 '의인 된 죄인'이다. 예수 그리스도를 믿음으로
구원받았지만, 여전히 죄성과 연약함이 있어 말씀과 기도
로 깨어 있지 않으면 이기적이고 자기중심적이기 마련이
다. 쉽게 형제의 믿음을 평가하고, 나와 다른 성향의 믿음
에 대해서 정죄한다.

그러나 영성의 길은 하나가 아니다. 구원은 오직 예수,
오직 십자가, 오직 성경, 오직 믿음으로 받지만 하나님과
관계를 맺어 가는 방식은 사람마다 다를 수 있다. 기독교
전통에 따르면 영성에는 크게 아홉 가지 길이 있다.

① 자연주의 영성: 자연을 통해 하나님을 사랑한다. ②
감각주의 영성: 오감으로 하나님을 사랑한다. ③ 정통주
의 영성: 의식과 상징으로 하나님을 사랑한다. ④ 금욕주
의 영성: 고독과 단순성으로 하나님을 사랑한다. ⑤ 행동

주의 영성: 참여와 공의로 하나님을 사랑한다. ⑥ 박애주의 영성: 이웃 사랑으로 하나님을 사랑한다. ⑦ 열정주의 영성: 신비와 축제로 하나님을 사랑한다. ⑧ 묵상주의 영성: 기도와 사모함으로 하나님을 사랑한다. ⑨ 지성주의 영성: 생각과 지식으로 하나님을 사랑한다.

이 아홉 가지 영성은 하나님을 사랑하며 하나님과 사귀는 저마다의 방식이다. 어느 것이 더 우월하거나 열등하다고 할 수 없다. 하나님께서는 다 받으시기 때문이다.

"그리스도인은 이상의 전부는 아니라도 다수의 영적 기질을 보여 줄 수 있다. 우리의 목표는 영의 양식을 섭취함으로 하나님을 새로운 방식으로 알고, 전 존재를 다하여 사랑하며 그 사랑을 이웃 사랑으로 표현하는 것이다." 게리 토마스

나는 어떤 영성을 가졌는지 생각해 보고, 나만의 방식으로 하나님과 이웃을 사랑하자.

그도 주의 것이다

남의 하인을 비판하는 너는 누구냐 그가 서 있는 것이나 넘어지
는 것이 자기 주인에게 있으매 그가 세움을 받으리니 이는 그를
세우시는 권능이 주께 있음이라 **(14:4)**

"사람은 탄생 전부터 예측 가능할 수 없는 엄청난 잠재
력을 지니고 있다. 그의 잠재력은 환경과 사회적 요인에
의해 영향을 받기도 하지만, 그보다는 그를 이해하고 사
랑하는 한 사람이 있느냐로 결정된다." **말콤 글래드웰**

사람은 누구나 존귀하고 존엄하다. 천하보다 귀한 존
재다. 하나님의 형상으로 창조되었기 때문이다. 하나님께
서 그를 사랑하사 독생자 예수를 보내셨기 때문이다. 그
리스도께서 그를 위해 십자가에 죽으셨기 때문이다.

작은 자, 연약한 자, 소외된 자라고 할지라도 동등하
게 존귀한 존재다. 그를 사랑으로 섬기는 것이 곧 그리스
도를 섬기는 것이다(마 25:40). 더욱이 그리스도 안에서 형
제인 자는 그가 이방인이든 유대인이든, 유명인이든 무명
인이든, 하나님께 속한 자요 그리스도의 종이다. 그는 그

리스도께서 세우시고, 다스리시고, 심판하실 것이다(삼상 24:6, 10).

따라서 형제를 함부로 비판해서는 안 된다. 무례해서도 안 된다. 이는 월권으로, 그를 세우신 하나님을 무시하고 경홀히 여기는 것이다(민 20:1~12). 누구에게나 엄청난 하나님의 잠재력이 숨 쉬고 있다. 우리가 서로 이해하고 섬기며 사랑하고 존중하면 그 엄청난 잠재력이 하나님을 통하여 임하게 될 것이다(빌 2:3~5).

교회의 한 지체를 마음에 품고, 그에게 깃든 하나님의 잠재력이 발휘되기를 기도하자.

날마다 구원으로 가는 길

어떤 사람은 이 날을 저 날보다 낫게 여기고 어떤 사람은 모든 날을 같게 여기나니 각각 자기 마음으로 확정할지니라 (14:5)

크리스천에게는 삶의 원칙이 있다. 바로 성경이다. 무엇에든지 성경에 근거하여 판단하고 결정하는 것이다. 사람의 규례나 관습을 따르는 것이 아니다. 성경에 근거하여, 하나님과의 관계를 먼저 생각하며 뜻을 정하여 산다.

날과 절기에 관해서도 마찬가지다. 세상은 길일(吉日)과 흉일(凶日)을 따로 정하지만, 성경은 아니다. 365일 모든 날이 하나님이 주신 날, 좋은 날이다. 모든 날이 주 안에서 복되고 아름답다(창 1:3~5). 그래서 우린 세월을 아껴야 하고(엡 5:16), 하루하루 성실해야 할 뿐 아니라, 성경적 원칙에 따라 날과 절기를 지키며 살아야 한다.

하나, 주일(主日)을 지켜라. 주일은 한 주의 중심이다. 십자가 부활을 기념하고 감사하며 그 은혜를 다시 경험하는 주의 날(Lord's day)이기 때문이다.

둘, 그리스도 속량에 관계된 절기(성탄절, 부활절, 성령강

림절 등)를 지켜라. 그리스도의 절기를 지키므로 다시 임마누엘 구원의 은혜를 회복하게 된다.

셋, 나라 사랑에 관계된 날(광복절, 현충일 등)을 지켜라. 성경에 위배되지 않는 국경일이라면, 크리스천으로서 마땅히 국민의 의무와 애국을 다하는 것이다.

넷, 가정의 날(생일, 결혼기념일, 추도일 등)을 지켜라. 하나님께서 가정에 베푸신 은혜에 감사하고, 서로 친밀함과 행복을 더하는 것이다.

이런 날들의 모임은 감사로, 덕스럽게, 예배로 이루어져야 한다. 이렇게 날과 절기를 지키면서 매일 말씀 묵상과 쉬지 않는 기도로 하나님과 동행할 때 모든 날이 복된 구원의 날이 되는 것이다. 이렇게 말이다. "상쾌한 월요일, 활기찬 화요일, 평온한 수요일, 푸르른 목요일, 행복한 금요일, 신나는 토요일, 하늘 기쁨이 넘치는 주일!"

다가오는 주일을 어떻게 보내는 것이 가장 복될지 계획하고, 그대로 실천하자.

14 사랑으로 통하다

날을 중히 여기는 자도 주를 위하여 중히 여기고 먹는 자도 주를
위하여 먹으니 이는 하나님께 감사함이요 먹지 않는 자도 주를
위하여 먹지 아니하며 하나님께 감사하느니라 **(14:6)**

아내와 나는 다르다. 생각도, 성격도, 취향도, 행동도, 삶의 방식도 다르다. 예를 들어 과일을 먹어도 아내는 못난 것부터 먹고, 난 좋은 것부터 먹는다. 어떤 일을 수행해도 아내는 혼자 충실하게 행하고, 난 누구에게 위임하고 동역한다. 삶의 양식도 아내는 한곳에서 오래 삶의 순환을 중시하며 살고, 난 무엇이든 새롭게 변화하고 개혁하며 산다.

우리는 달라도 너무 다르다. 그런데도 지금껏 이혼하지 않고 잘 살고 있다. 무슨 이유일까? 사랑으로 서로 통하기 때문이다. 아내가 하나님을 사랑하고, 나를 사랑하고, 교회를 사랑한다는 것을 믿기 때문에 아내의 다른 것이 이해되고, 신뢰가 되며, 존경이 된다.

마찬가지로 이 날을 지키든 저 날을 지키든, 우상의 제물 고기를 먹든 안 먹든, 서로가 하나님을 사랑하며 배려

한다는 것을 믿으면 전혀 문제 될 것이 없다. 도리어 다른 것이 서로를 보완하고, 성숙케 하여 온전한 하나님의 사람으로 세워지는 기회가 되기 때문이다(엡 4:13).

그러므로 그리스도 안에서 서로 다른 것은 잘못되거나 틀린 것이 아니다. 그로 인하여 우리는 더욱 온전케 될 수 있다.

> "평화의 길로 나아가십시오. 살아 있는 동안 서로 다투지 마십시오. 무익한 논쟁에 힘을 허비하지 마십시오. 사람에게 다가갈 때 먼저 사랑으로 다가가십시오. 평화의 숨을 쉬십시오. 그리스도 평화의 사신이 되십시오."
> **린돌포 바인게르트너**

나와 다르게 행하는 형제자매를 생각하며, 함께 성장하고 성숙케 되기를 기도하자.

다시 복음 앞에

우리 중에 누구든지 자기를 위하여 사는 자가 없고 자기를 위하여 죽는 자도 없도다 (14:7)

"교회는 싸움만 하지 않으면 성장한다. 교회를 무너뜨리는 마귀의 가장 강력한 무기는 서로 비판 비난케 하는 것이다." **한경직**

오늘도 교회의 다툼과 분쟁 소식이 들려온다. 부끄럽고 슬프고 아프다. 무엇 때문인가? 여러 현상적 이유가 있겠지만, 첫 번째는 비판이다. 왜 비판하는가? 나만 잘나고 옳다고 생각하기 때문이다. 그러면 내 허물은 보이지 않고 다른 이의 잘못만 보여 비판하게 된다. 그 비판은 곧 불평, 불만, 무례, 다툼, 분쟁, 분열로 치닫는다(마 7:1~4).

크리스천이 왜 그렇게 행하는가? 복음을 잃어버렸기 때문이다. 복음은 십자가 속량을 믿는 것이다. 십자가 앞에 서는 것이다. 십자가 앞에 서면, 나는 죽을 수밖에 없는 죄인이다. 한없이 비천한 존재다. 십자가 앞에 서면 누구를 비판할 수 없다. 내가 가장 큰 죄인이기 때문이다. 더욱이 나는 십자가에 죽었다. 내 안에 그리스도께서 사신다. 이제는 그리스도와 함께 살아가기에 누구든 기도로, 감사로, 사랑으로 대할 뿐이다.

십자가 앞에 선 자는 자신의 생사조차 주님께 달렸음을 깨닫는다. 그는 모든 것을 그리스도께 맡긴 사람이다. 오늘 하루 살면 주를 위해 사명 감당하고, 죽으면 천국 입성하는 것이다(빌 1:20~21). 이렇게 한 사람 한 사람 복음 앞에 바로 설 때 교회 공동체의 문제는 해결되고, 온전한 그리스도의 교회가 세워진다.

"다시 복음 앞에 내 영혼 서네/ 주님 만난 그때/ 나 다시 돌아가 주님께 예배드리며/ 다시 십자가의 길 걸으리."
김영표

내 자신을 그리스도의 십자가 앞에 세워 철저히 회개하고, 겸손한 마음을 구하자.

16 뚜벅뚜벅 느리지 않게

> 우리가 살아도 주를 위하여 살고 죽어도 주를 위하여 죽나니 그
> 러므로 사나 죽으나 우리가 주의 것이로다 (14:8)

사람은 살아야 할 이유, 사명이 있어야 한다. 목적의식이 없으면 무기력해지고, 살아도 사는 것이 아니다. 설혹 많은 것을 이루었다 해도 결국은 허무에 빠지고 만다.

이에 대해 성경은 분명한 답을 제시한다. 우리 삶에는 목적이 있다고 말씀한다. 우리는 우연히 이 땅에 던져진 것이 아니다. 하나님의 선하신 목적에 따라 보냄받은 것이다(요 17:18). 그 목적은 크게 세 가지다.

첫째로 존재적 목적이다. 예수를 주로 믿으면, 그때부터 우리 안에 그리스도께서 거하신다. 우리의 인격에 성화가 시작된다. 믿음의 분량에 따라 점차 그리스도의 온전한 성품과 인격을 닮아 가는 것이다(고전 13:4~7, 갈 5:22~23, 엡 4:13).

둘째로 사명적 목적이다. 사명은 필생의 과업이다. 이는 이 땅에 하나님 나라를 이루는 것으로 그리스도의 몸

인 교회를 세우고(마 16:18), 복음을 전하고(마 28:18~20), 주의 사랑을 나타내는 것이다(벧전 4:10~11).

셋째로 종말적 목적이다. 이 땅에서 사명을 감당하며 애쓰는 것은 결국에 도래할 천국 소망 때문이다(딤후 4:7~8). 죽음의 그날이 언제 오더라도 전혀 두려움 없이 살다가 믿음으로 천국에 입성하여 주님과 영원히 사는 것이다(요 14:1~3, 계 21:1~4).

이렇게 분명한 목적의식을 갖고 살 때 삶과 죽음을 초월하여 평안과 감사로 살게 되고, 우리 삶에서 그리스도가 존귀케 되는 것이다.

"나는 죽을 때까지 이 걸음걸이는 놓지 않으련다. (중략) 영원히 영원히 빠르나 급하지는 않게, 뚜벅뚜벅 걸으나 느리지는 않게, 길이길이 걸었으면!" **함석헌**

나의 존재 목적을 다시 점검하고, 그 목적대로 살 것을 결단하며 기도하자.

삶의 대원칙

우리가 살아도 주를 위하여 살고 죽어도 주를 위하여 죽나니 그러므로 사나 죽으나 우리가 주의 것이로다 (14:8)

"나는 누구인가? 이 고독한 물음들이 나를 비웃는다. 내가 누구인지 오, 하나님께서는 알고 계십니다. 나는 당신의 것입니다." **디트리히 본회퍼**

나는 누구인가? 나는 하나님 자녀, 주님의 것이다. 이 사실을 믿는 자만이 진정 그리스도인이다. 그렇다면 지금 나는 주의 것인가? 확실한가? 그 근거가 무엇인가? 성경은 하나님께서 나를 창조하셨다고(사 43:1), 그리스도께서 나를 속량하셨다고(롬 3:24), 성령께서 나를 인치셨다고(엡 1:13), 심지어 내가 나를 주님께 드렸다고(롬 6:13) 분명하게 그 근거를 제시한다.

그러므로 내가 누구인지, 왜 살아야 하는지는 분명하다. 나는 주님의 것이다. 이제 나는 내 뜻대로 나를 위해 살 수 없다. 생사에서부터 일상의 사소한 문제까지 주를 위해 살아야 한다. 살아도 주를 위하여 죽어도 주를 위하여 사는 것이다.

주를 위하여, 이는 언제 어디서나 다섯 가지를 묻고 행하는 것이다. ① 양심에 가책되지 않는가? ② 성경에 어긋나지 않는가? ③ 건덕(健德)을 해치지 않는가? ④ 사랑과 감사로 하는가? ⑤ 하나님께 영광이 되는가(고전 10:31)? 이것이 사나 죽으나 주를 위하여 사는 것이다. '언제나 주를 위하여!' 이것이 우리 삶의 대원칙이다.

> "그런데 그리스도께서 모든 사람을 위하여 죽으신 것은, 이제부터는, 살아 있는 사람들이 자기 자신들을 위하여 살아가도록 하려는 것이 아니라, 자기들을 위하여서 죽으셨다가 살아나신 그분을 위하여 살아가도록 하려는 것입니다." **고후 5:15, 새번역**

다섯 가지 질문을 통해 내 삶을 돌아보고, 날마다 주를 위해 살기로 결단하자.

주를 위하는 삶

이를 위하여 그리스도께서 죽었다가 다시 살아나셨으니 곧 죽은
자와 산 자의 주가 되려 하심이라 (14:9)

재미있는 이야기가 있다. 한 환자가 수술을 앞두고 있
었다. 의사가 환자에게 마취를 할 테니 심호흡을 하라고
했다. 그러자 환자는 너무 긴장하여 "심호흡, 심호흡"이라
고 했다고 한다. 이야기를 듣고 많이 웃었지만, 순간 예수
믿는 우리 모습과 흡사하다고 생각했다. 우리 역시 말로
는 쉽게 '복음, 예수, 아멘'이라고 한다. 그러나 실제로 삶
에서는 그리스도를 위해 살지 않는다. 심호흡을 하지 않
고 심호흡이라 말만 하는 환자처럼 말이다.

그리스도께서 죽었다가 다시 살아난 것은 우리를 구
원하시기 위함이다. 죽은 자와 산 자의 주가 되시기 위함
이다. 곧 만물의 통치자가 되시고, 믿는 자의 생사와 크고
작은 모든 것을 다스리시기 위함이다(고후 5:15, 골 2:15).

그러므로 우리는 무엇에든지 주의 다스림을 받아야
한다. 특히 일상의 평범한 것에서부터 주의 인도를 받아

야 한다. 날을 정하는 것, 약속을 잡는 것, 사람을 만나는 것, 일을 계획하는 것, 봉사하는 것, 헌금하는 것, 물건을 사는 것, 먹고 마시는 것, 휴식하는 것, 여행하는 것, 자고 일어나는 것 등 모든 일상에서 주의 다스림을 받아야 한다. 이것이 십자가에 죽으시고 부활하신 주를 믿는 자의 삶의 모습이다.

"그리스도를 바라보십시오. 주님께만 소망을 두십시오. 크고 작은 모든 일에서 내 생각과 경험을 뒤로하고 먼저 주님을 생각하십시오. 나를 압박하는 일이 많더라도 모든 염려를 곁으로 밀어내고 주님만 바라보겠다고 결심 하십시오. '나를 앙망하라.' 주님을 바라보는 순간 당신 이 어떤 상황에 있더라도 주의 다스림을 받습니다. 이것 이 구원입니다." **오스왈드 챔버스**

우리의 주인 되시는 예수님을 초청하고, 매사에 주 님과 동행하며 주의 뜻을 따르자.

하나 된 공동체를 위하여

네가 어찌하여 네 형제를 비판하느냐 어찌하여 네 형제를 업신여
기느냐 우리가 다 하나님의 심판대 앞에 서리라 (14:10)

우리는 그리스도 안에서 하나다. 하나님을 한 아버지
로 모시고, 그리스도를 한 주님으로 믿는다. 그래서 믿음
도 하나, 세례도 하나, 구원도 하나, 사명도 하나, 소망도
하나, 천국도 하나다. 당연히 그리스도의 몸인 교회도 하
나다. 이 모든 것을 성령께서 하나 되게 하신다.

이 '하나 된 교회'를 깨뜨리는 악한 것이 있으니, 바로
사탄이다. 사탄(헬, 디아볼로스)은 그 뜻이 비판자, 참소자
다(욥 1:9, 계 12:10). 비판은 교회를 파괴하는 사탄의 강력
한 무기다. 그래서 예수님께서는 비판하지 말라고 말씀하
셨다(마 7:1~2). 비판은 왜 위험한가?

① 비판의 악순환 때문이다. 비판은 곧 다른 비판으로
이어져 나와 공동체를 불행하게 한다. ② 비판의 중독성
때문이다. 비판은 소중하고 아름다운 것은 보지 못하는
부정적인 사람이 되게 한다. ③ 비판의 저주성 때문이다.

비판은 기도 감사 축복을 사라지게 하고, 그로 인해 주변 사람들도 저주에 이른다. 결국 내 비판 그대로 나 역시 그 날에 심판받을 것이다.

그러므로 비판과 심판은 하나님께 맡기고, 우리는 겸손과 온유, 오래 참음과 사랑의 말로 힘써 하나 된 것을 지켜야 한다(엡 4:3, 5:19~20, 살전 5:16~18).

> "우리의 악한 생각을 가장 효과적으로 극복하는 길은 악한 생각을 전혀 말로 표현하지 않는 것이다. 자기 정당화의 영이 오직 은혜의 영에 의해서만 극복될 수 있는 것이 확실하듯이, 말로 표현되지 않으면 비판하는 생각들은 위축되며 질식해 버리고 말 것이다. 다만 죄의 고백만은 예외이다." **디트리히 본회퍼**

누군가를 비판했던 것을 회개하고, 한 사람을 택하여 감사와 격려의 말을 하자.

예수 때문에

기록되었으되 주께서 이르시되 내가 살았노니 모든 무릎이 내게 꿇을 것이요 모든 혀가 하나님께 자백하리라 하였느니라 이러므로 우리 각 사람이 자기 일을 하나님께 직고하리라 (14:11~12)

그리스도인은 말과 행동에서 선한 사람으로 산다. 그것은 다른 이들로부터 칭찬을 듣기 위함이 아니다. 인격의 도야를 이루고자 함도 아니다. 인생에서 성공하고자 함도 아니다. 그보다 더 본질적인 이유가 있다. 바로 예수 때문이다. 예수께서 나의 모든 모습을 아시기 때문이다. 그날에 내가 나의 행함을 그분께 보여야 하기 때문이다.

사도는 형제를 함부로 비판하거나 업신여기지 말라고 말씀한다(10절). 왜 그런가? 예수 때문이다. 우리가 주님의 심판대 앞에 서기 때문이다(마 25:14~30). 그 형제를 예수께서 받으셨다(2~3절). 예수께서 그의 주인이시다(4절). 그는 이미 우리의 형제다.

그 사실을 기억하고 이제 나의 모든 말과 행동은 예수 때문이어야 한다. 예수 때문에 그렇게 해야 하며, 예수 때문에 그렇게 하지 말아야 하는 것이다(8절).

"불친절한 말로부터 그리고 불친절한 침묵으로부터 저를 지키소서. 판단하는 일을 자제하게 하소서. 저의 비판이 친절하고 너그럽고 건설적인 말이 되게 하소서. 부드러운 내면을 허락하시어 다른 사람과도 평화로이 지내며 말할 때나 행동할 때나 부드럽게 하소서." **피터 마샬**

오늘 나의 모든 말과 행동이 예수 때문에 행해지도록 결단하고 실천하자.

창조적 비판

> 그런즉 우리가 다시는 서로 비판하지 말고 도리어 부딪칠 것이나
> 거칠 것을 형제 앞에 두지 아니하도록 주의하라 **(14:13)**

로마서 14장에서 계속 반복되는 말씀이 있다. 바로 비판하지 말라는 것이다(1, 3, 4, 10, 13절). 예수께서도 비판하는 것을 엄히 금하셨다(마 7:1~2). 그렇다면 모든 비판은 불가한가? 성경은 비판을 원천적으로 금하고 있는가?

여기서 비판(헬, 크리노)은 '합당치 못한 비난' 또는 '악한 의도를 가진 비방'을 뜻한다. 곧 건강한 공동체를 이루기 위한 창조적 비판을 금지한 것이 아니라, 무익하고 악의적인 비판을 금지한 것이다. 도리어 창조적인 비판은 반드시 있어야 한다. 그렇다면 어떻게 창조적인 비판을 할 수 있는가?

첫째로 나를 먼저 살펴야 한다. 나에게 책망받을 만한 허물과 약점이 있는데도 다른 사람을 비판하면 오히려 부끄러움과 망신을 당하게 된다(눅 6:42).

둘째로 잘못과 인격을 구분해야 한다. 잘못이 있다면

그것만 비판해야지(계 2:4, 20), 그의 인격과 삶을 매도해서
는 안 된다. 반발과 싸움만 초래하게 된다.

셋째로 충분히 기도해야 한다. 예의를 갖추고 성령이
주시는 지혜와 온유한 태도로 비판해야 상대의 마음도 열
릴 수 있다(삼하 12:1~6).

이 비판은 내 생각 내 경험을 관철시키려는 것이 아니
다. 성령의 감화를 받아 '주를 위하여' 하는 것이다. 사람
을 살리고, 교회를 세우는 창조적 비판을 하기 위해서는
다른 길이 없다. 예수께 묻는 것밖에는 방법이 없다.

> "세상도 예수에게 묻고, 기독교도 예수에게 묻고, 인생
> 도 예수에게 묻고, 너도나도 예수에게 물어라! 세상을
> 어찌 사회학에 물으며 기독교를 어찌 신학에 물으랴.
> (중략) 모든 것을 예수에게 물어라." 이용도

창조적 비판을 위해 필요한 세 가지를 묵상하며 주
님께 지혜를 구하자.

누군가를 살릴 수 있다면

> 그런즉 우리가 다시는 서로 비판하지 말고 도리어 부딪칠 것이나
> 거칠 것을 형제 앞에 두지 아니하도록 주의하라 (14:13)

성경은 믿는 자에게 자유를 약속한다(요 8:32). 모든 그리스도인은 자유자다. 예수를 믿음으로, 이제 무엇에도 얽매이지 않는 자유를 누린다. 하나님의 자녀가 누리는 이 자유는 구원의 최고 은혜요 행복이다(요 15:15).

이 자유에는 한 가지 전제가 있다. 곧 그리스도를 위하여 누리는 자유여야 한다. 주의 뜻을 드러내고 교회를 세우는 자유여야 한다. 만약 내가 누리는 자유가 믿음이 약한 누군가에게 상처와 시험이 되는 것이라면, 그들의 신앙과 교회의 건덕을 위하여 가(可)하지 않는 자유인 것이다(고전 6:12).

제사 음식을 먹어도 되는가 안 되는가? 음주와 흡연을 해도 되는가 안 되는가? 유흥업소를 가도 되는가 안 되는가? 예배를 온라인으로만 드려도 되는가 안 되는가 등 오늘의 그리스도인들 역시 저마다 자유를 두고 한두 가지쯤

고민을 할 것이다. 성경의 원칙은 분명하다. 내가 행하는 것이 형제를 실족시키는지 아닌지를 묻는 것이다.

만약 어떤 음식으로 인하여 형제가 실족한다면 어떻게 하겠는가? 바울은 아주 단호히 대답한다. "음식이 내 형제를 걸어서 넘어지게 하는 것이라면, 그가 걸러서 넘어지지 않게 하기 위해서, 나는 평생 고기를 먹지 않겠습니다(고전 8:13, 새번역)." 바로 이것이 주를 위한 태도요, 누군가를 살리는 일이요, 자유 안에서 행복한 길이다.

"나로 인해/ 누군가 행복할 수 있다면/ 그 얼마나 놀라운 축복입니까./ 내가 해 준 말 한마디 때문에/ 내가 준 작은 선물 때문에/ 내가 베푼 작은 친절 때문에/ 내가 감사한 작은 일들 때문에/ 누군가 행복할 수 있다면/ 우리는 이 땅을 살아갈 의미가 있습니다." **용혜원**

나로 인해 실족한 사람은 없는지 돌아보고, 가서 그를 위해 할 수 있는 일을 하자.

지복한 눈

내가 주 예수 안에서 알고 확신하노니 무엇이든지 스스로 속된 것이 없으되 다만 속되게 여기는 그 사람에게는 속되니라 (14:14)

"나이 60에 겨우/ 꽃을 꽃으로 볼 수 있는/ 눈이 열렸다./ 神(신)이 지으신 오묘한/ 그것을 그것으로/ 볼 수 있는/ 흐리지 않은 눈 (중략) 세상은/ 너무나 아름답고/ 충만하고 풍부하다./ 神(신)이 지으신/ 있는 그것을 그대로 볼 수 있는/ 至福(지복)한 눈/ 이제 내가/ 무엇을 노래하랴." **박목월**

자연 그대로의 피조 세계에 속된 것은 없다. 세 가지 이유 때문이다. 하나, 하나님께서 세상을 창조하신 뒤 아름답고 복되다고 선언하셨다(창 1:31). 둘, 하나님의 독생자 예수께서 십자가 속량으로 세상을 구원하셨다(요 3:16, 히 9:12). 그리스도의 속죄로 인하여 다 정결한 것, 새것이 되었다(고후 5:17). 셋, 예수께서 더는 속된 것이 없다고 말씀하셨다. 사람 마음에서 나오는 것이 더러운 것이지 음식이 사람을 더럽게 할 수 없다고 하셨다(막 7:15~31).

그러므로 음식이나 환경이 더러운 것이 아니다. 내 마음에 의해서 좌우된다. 만약 시장 한 가운데서도 주를 향한 항심(恒心)으로 장사한다면 그곳이 성소가 되는 것이고, 반대로 교회에서라도 누군가를 미워하며 저주한다면 그곳은 속된 곳이 되는 것이다. 모든 것이 마음에 달렸다. 나는 날마다 죽고 내 안에 사시는 그리스도와 함께 사랑으로 형제를 본다면 세상은 아름답고 복된 세상이 된다.

오래 전 한 현자가 제자들에게 새날이 밝아 온 것 어떻게 알 수 있는지 물었다. "어둠이 걷히고 날이 밝으면 새날입니다." "사람들의 발걸음이 빨라지면 새날입니다." "일과가 시작되면 새날입니다." 제자들의 대답을 듣던 현자는 이렇게 답했다. "내 옆의 사람이 형제로 보이면 비로소 새날이 온 것이다."

나의 눈이 지복한 시선을 가질 수 있도록 기도하고, 그 눈으로 세상과 사람을 바라보자.

한 사람부터 시작하라

만일 음식으로 말미암아 네 형제가 근심하게 되면 이는 네가 사랑으로 행하지 아니함이라 그리스도께서 대신하여 죽으신 형제를 네 음식으로 망하게 하지 말라 (14:15)

"예수 그리스도께서는 스페인 사람뿐 아니라 인디언들을 위해 피 흘리셨으며, 또한 하나님께서는 스페인 사람들보다 인디언들을 더 많이 뽑으셨습니다." **라스 카사스**

그리스도인은 누구를 대하든 자신과 동등한 한 형제로 여긴다. 하나님께서 나뿐 아니라, 그를 위하여서도 독생자 예수를 보내시고 십자가 대가를 지불하셨기에 그렇다. 그도 나처럼 소중한 하나님의 자녀로, 천하보다 귀한 존재로 여기는 것이다.

한 사람을 "그리스도께서 대신하여 죽으신 형제"로 여길 때, 나와 다른 그의 세상적인 양태(신분, 연령, 성별, 인종, 나라, 민족, 지역, 직위, 학력, 소유, 능력, 문화, 음식 등)는 큰 문제가 되지 않는다. 어떤 것으로도 그를 업신여기거나 비판하지 않는다. 근심하게 만들거나 고통 중에 살게 하지

않는다. 그를 내 형제로 여기기에, 주께서 내게 하셨듯이
나 역시 그에게 행하는 것이다. 그렇게 한 사람 한 사람
소중히 여기고 사랑하는 것이다(마 25:40, 요 13:34).

> "나는 결코 대중을 구원하려고 하지 않는다. 나는 다만
> 한 개인을 바라볼 뿐이다. 나는 한 번에 단지 한 사람만
> 을 사랑할 수 있다. 한 번에 단지 한 사람만을 껴안을 수
> 있다. 단지 한 사람, 한 사람, 한 사람씩만 (중략) 당신에
> 게도 마찬가지다. 당신의 가족에게도, 당신이 다니는 교
> 회에서도 마찬가지다. 단지 시작하는 것이다. 한 번에
> 한 사람씩." 마더 테레사

오늘 내가 섬겨야 할 한 사람을 구체적으로 떠올리
고, 그에게 사랑을 시도하자.

나에게 달린 일

그러므로 너희의 선한 것이 비방을 받지 않게 하라 (14:16)

"대지는 꽃을 통해 웃는다." **레이첼 카슨**

대지가 꽃을 통해 웃는 것처럼, 크리스천은 선을 통해 웃는다. 세상 속에 아름다운 선을 피워 하나님의 살아 계심을 증거하고, 주님의 아름다우심을 드러내는 것이다.

크리스천은 선을 구하고, 선으로 산다. 그렇다면 사도가 말하는 '너희의 선한 것'이란 무엇인가? 하나, 하나님께서 베푸신 구원의 축복이다. 둘, 형제와 이웃을 배려하는 사랑의 섬김이다. 셋, 믿음으로 행하는 신앙의 자유이다.

그러나 아무리 선한 것이라 할지라도 태도와 방법이 잘못되면 오해를 사게 되고, 비난을 받게 된다. 우리의 선이 비난을 당하지 않고, 의의 열매를 맺으려면 어떻게 해야 하는가? 무슨 일이든 기도로(롬 1:9), 감사로(롬 1:8), 십자가 사랑으로(롬 12:10) 행하는 것이다. 그리할 때에 모든 것이 합력하여 선이 되고 복이 된다.

결국 모든 것이 내게 달렸다. 내가 얼마나 기도로, 감사로, 십자가 사랑으로 선을 행하는가에 달린 것이다.

"주여, 우리의 오염된 심령을 정화시켜 주시어 그 허세와 가시가 아니라 일상적인 작은 일부터의 성실함에 있게 하옵소서." 김성렬

기도로, 감사로, 십자가 사랑으로 오늘도 선한 일 한 가지를 실천하자.

오늘 누리는 하나님 나라

하나님의 나라는 먹는 것과 마시는 것이 아니요 오직 성령 안에 있는 의와 평강과 희락이라 **(14:17)**

"몇 년 전 아들 결혼식에 친구가 축의금을 백만 원이나 하였기에 그때는 친구에게 참 고마운 마음을 가졌다. 그런데 며칠 전 친구에게 아들 결혼 청첩장을 받고 보니, 축하의 마음보다 걱정이 앞섰다. 빠듯한 삶에 어떻게 축의금을 마련하나 걱정이 되었다. 축의금은 받은 만큼 돌려주는 것이 상례이다. 할 수 없이 돈을 빌려서 식장에 갔는데, 친구는 연신 '자네가 와 줘서 고맙다'라면서 바쁜 와중에도 안부까지 묻기에 나는 참 잘 갔다고 생각했다. 그런데 며칠 후 친구로부터 등기 우편이 도착했다. 의아해서 뜯어보니 손 글씨 편지였다. '이 사람아! 자네 살림을 내가 아는데, 우리 우정을 돈으로 계산하느냐'면서 90만 원의 수표가 들어 있었다. '난 자네 친구야. 우리 우정에 5만 원이면 족하네. 자네 성의를 생각해서 10만 원만 받고 90만 원은 돌려보내니 그리 알게. 이 돈을 받지 않으면 친구로 생각하지 않겠네.' 그러면서 친구는 '정말 고맙다'라는 말과 함께 '틈이 나면 옛날 그 포장마차에서 어묵에 대포 한잔하자'라는 말을 덧붙였다."

작가 정호승의 사연을 우연히 읽고 감동이 되어 요약해 보았다. 이 이야기를 읽는 내내 가슴이 먹먹했다. 오늘 같은 삭막한 세상에도 이런 우정이 있을 수 있다니, 이것이 인생을 잘 사는 자가 누리는 행복이구나 싶어 그들이 고마웠다. 그들이 존재하는 세상도 아름다웠다.

세상이 이럴진대, 주를 믿는 우리가 주를 위하여 약한 형제를 배려하고 주의 교회를 세워 가는 모습은 또 얼마나 아름다울까? 그것이 오늘 누리는 하나님 나라다(눅 17:21). 그 안에 성령으로 인한 의와 평강, 희락이 있다.

오늘 내 삶에 하나님 나라가 이루어지기를 기도하고, 그 은혜를 누리며 살자.

그리스도를 섬긴다는 것

> 이로써 그리스도를 섬기는 자는 하나님을 기쁘시게 하며 사람에게도 칭찬을 받느니라 (14:18)

사도가 이야기하는 순전한 섬김, 하나님을 기쁘시게 하며 사람에게도 칭찬받는 섬김은 어떻게 가능한가? 그것은 내 안에 성령님이 임하실 때 가능하다. "성령 안에 있는 의와 평강과 희락"(17절)이 내게 가득할 때 그 은혜로 언제나 어디서나 기쁨으로 섬길 수 있다. 바로 그곳에 하나님 나라가 이루어진다. 그것이 예수 그리스도를 섬기는 것이다.

의와 평강과 희락, 이것은 나의 섬김이 그리스도를 향한 것인지 아닌지를 판단할 수 있는 시금석이다. 아무리 열심을 내고, 많은 일을 하고, 큰일을 했다 하여도 이것이 없다면 그리스도를 섬긴 것이 아니다. 그저 사람의 일, 사탄의 일일 뿐이다.

그리스도를 섬긴다는 것은 무엇을 하든지 성령이 주시는 의와 평강과 희락으로 하는 것이다. 이 섬김이 하나님을 기쁘시게, 이웃을 복되게 하며 사람에게도 칭찬을 받게 한다. 이 섬김이 하나님께 드리는 거룩한 산 제물이며, 우리의 삶으로 드리는 영적 예배다(롬 12:1~2).

> "오직 주님을, 더욱 주님만을 섬길 힘을 성령을 통해 우리에게 주십시오. 주님은 우리를 천국의 잔치에 초대하셔서 우리로 영원히 하나님 아버지 곁에 있게 하십니다." **찰스 웨슬리**

오늘 내게 주어진 모든 일이 성령으로 인한 주님의 일이 되도록 기도하자.

28 주님께 이끌리어

> 그러므로 우리가 화평의 일과 서로 덕을 세우는 일을 힘쓰나니
> (14:19)

그리스도인은 그리스도를 섬긴다. 그에게는 다른 주인이 없다. 오직 그리스도를 주로 모시고, 오직 그리스도만을 따르며, 오직 그리스도만을 섬긴다. 그렇다면 그리스도를 섬긴다는 것은 구체적으로 무엇을 의미하는가?

하나, 삶의 목적을 오직 그리스도께 맞추는 것이다(롬 14:8). 주께서 이루실 하나님 나라를 소망하며 오늘도 그 나라를 세워 가야 한다(마 6:33).

둘, 성령을 힘입어 그리스도의 성품을 이루는 것이다. 이는 내주하시는 성령의 사역으로, 내 안에 의와 평강과 희락의 열매를 맺어 가야 한다(엡 5:9, 빌 4:4, 7).

셋, 교회에서부터 화평과 덕을 세우는 것이다. '화평'은 구원받은 자가 누리는 은혜로서 하나님 자녀임을 드러내는 존재적 덕목이다(마 5:9, 히 12:14). '덕'은 서로 화평을 누리기 위한 선한 배려의 마음과 태도이다. 복음에 어긋

나지 않는 일이라면 서로 이해하고, 배려하고, 격려하고, 인내하는 것이다(고전 10:23~24).

잊지 말아야 할 것은 그리스도를 섬기고, 교회를 세우는 일이 우리의 능력에 달려 있지 않다는 사실이다. 나는 죽고 내 안에 사시는 그리스도를 의지할 때만 가능하다(갈 2:20). 내 안에 사시는 그리스도께서 나와 함께 화평의 일과 덕을 세우는 일에 힘쓰게 하시는 것이다.

"성경에는, 그리고 교회의 역사에는 '성공적인' 회중이 하나도 없다. 그러나 명심할 것은 교회는 우리가 하는 일이 아니라는 것이다. 비록 우리가 참여하기는 할지라도 교회는 하나님이 하시는 일이다." 유진 피터슨

성구를 찾아 읽고, 그리스도를 섬긴다는 것이 무엇인지 깊이 묵상하자.

십자가와의 연대

음식으로 말미암아 하나님의 사업을 무너지게 하지 말라 만물이
다 깨끗하되 거리낌으로 먹는 사람에게는 악한 것이라 (14:20)

예수님이 빌립보 가이사랴 지방에 이르러 제자들과
함께 계실 때였다. 제자들과 이런저런 이야기를 나누시다
가 십자가에 죽으시고 부활하실 것을 미리 말씀하셨다.
그 이야기를 듣고 제자 중 으뜸이라 일컫는 베드로가 항
변했다. 그럴 수 없다고, 그러지 마시라고 주장했다. 그러
자 예수님은 그를 향해 이렇게 말씀하셨다.

"사탄아, 내 뒤로 물러가라. 너는 나에게 걸림돌이다. 너
는 하나님의 일을 생각하지 않고, 사람의 일만 생각하는
구나!" 마 16:23, 새번역

예수님은 하나님의 일을 십자가와 연대하여 말씀하셨
다. 곧 자신이 십자가에 죽는 것이 하나님의 일이고, 그것
을 믿는 것이 하나님의 일임을 계시하신 것이다(요 6:29).

우리는 착각해서는 안 된다. 하나님의 일은 하나님을 위하여 많은 일을 하는 것이 아니다. 그보다 먼저 십자가를 지신 예수를 그리스도로 믿는 것이다. 나는 십자가에 죽고 내 안의 그리스도와 함께 사는 것이다. 그렇게 그리스도의 성품을 나타내는 것이다.

만약 십자가와의 연대가 없다면, 십자가와 연결되지 않는다면 아무리 좋은 말을 하고 선한 일을 할지라도 하나님과는 상관없는 것이 되고 만다. 그것은 도리어 하나님의 일을 가로막을 뿐이고, 걸림돌이 될 뿐이다.

> "(우리의) 예배, 복음 전도, 봉사가 그리스도적 가치를 가지려면, 모든 것들은 밖에서, 십자가에서 처형된 예수와 버림받은 자들에 대한 그의 영원한 연대 속에서 행해져야 한다." **올란도 코스타스**

나의 예배와 섬김이 십자가와 단단히 연대되었는지 성찰하며 행하자.

약한 자를 얻기 위하여

고기도 먹지 아니하고 포도주도 마시지 아니하고 무엇이든지 네 형제로 거리끼게 하는 일을 아니함이 아름다우니라 네게 있는 믿음을 하나님 앞에서 스스로 가지고 있으라 자기가 옳다 하는 바로 자기를 정죄하지 아니하는 자는 복이 있도다 (14:21~22)

"만약 주님을 만날 수 있다면 제일 먼저 식사에 초대하고 싶습니다. 그분은 진수성찬보다는 우리가 일상적으로 먹는 소박한 식사라도 정성껏 차렸다면 맛있게 드시고 기뻐하시리라는 것을 의심치 않습니다. 예수님은 바리새파 사람들로부터 흉을 잡힐 정도로 아무하고나, 세리나 창녀, 죄인들과도 어울려 거리낌 없이 음식 들기를 즐기셨다니까요." 박완서

모든 사람을 구원하기 위하여 하나님은 사람의 모양으로 세상에 오셨다. 굶주린 자기 백성을 위하여 예수님은 소박한 서민의 음식인 보리떡 다섯 개와 물고기 두 마리로 오천 명이 먹고도 열두 광주리가 남는 기적의 만찬을 베푸셨다. 주님은 소외된 자를 구원하시기 위하여 그

들과 거리낌 없이 식사하고 그들의 친구가 되셨다.

이런 주님을 따르는 성숙한 신앙인은 구원의 확신과 하나님 자녀라는 정체성으로 무엇에도 매이지 않는 자유를 누린다. 여유로움과 넉넉함을 갖는다. 이웃을 향해 자기 믿음을 강요하지 않는다. 그리스도의 성육신적 태도를 견지하며 그들의 입장과 처지를 인정하고 배려하며 존중한다. 그들의 구원을 위하여 거리낌 없이 어울리며 친구가 되고자 한다.

"믿음이 약한 사람들에게는, 약한 사람들을 얻으려고 약한 사람이 되었습니다. 나는 모든 종류의 사람에게 모든 것이 다 되었습니다. 그것은, 내가 어떻게 해서든지, 그들 가운데서 몇 사람이라도 구원하려는 것입니다." **고전 9:22, 새번역**

약한 자의 구원과 성숙을 위하여 그들의 친구가 되기로 결단하고 기도하자.

넘어졌다가 일어섭니다

> 의심하고 먹는 자는 정죄되었나니 이는 믿음을 따라 하지 아니
> 하였기 때문이라 믿음을 따라 하지 아니하는 것은 다 죄니라
> (14:23)

사도는 우리의 행동에 반드시 믿음이 전제되어야 한다고 말씀한다. 믿음을 따라 행한다는 것은 무엇인가? 그것은 세 가지 관계를 헤아리며 행하는 것이다.

첫째로 사람과의 관계다(롬 14:21). 나는 자유롭더라도 형제와 이웃의 구원과 믿음을 위하여 내 자유를 제한하고, 그들을 배려하는 것이다. 믿음은 반드시 형제 사랑, 이웃 사랑으로 나타나야 한다. 연약한 이를 돌보지 않고 사랑하지 않는 믿음은 거짓 믿음이다(요일 3:10).

둘째로 나 자신과의 관계다(롬 14:22). 이웃을 위하다가 정작 내 믿음을 잃어서는 안 된다. 약한 자를 위하여 취향, 문화, 전통 등을 양보할 수는 있으나 기독교 복음에 대해서는 절대 양보할 수 없다. 복음이 무너지면 교회도, 내 믿음도 무너지기 때문이다(갈 1:8).

셋째로 하나님과의 관계다. 아무리 선을 행하고 약한

형제를 정성으로 섬겼다 해도, 예수 십자가 믿음으로 하지 않으면 그것은 사람의 일, 사탄의 일이 되고 만다. 결국은 자기 의, 자기 자랑, 자기 영광일 뿐이다. 그래서 믿음을 따라 하지 않는 모든 것은 다 죄가 되는 것이다.

어떤 수도사가 수도원 생활을 설명해 달라는 질문을 받고 이렇게 답했다고 한다. "우리는 넘어졌다가 일어섭니다. 우리는 넘어졌다가 일어섭니다. 우리는 넘어졌다가 일어섭니다. 우리는 넘어졌다가 일어섭니다."

믿음을 따라 사는 것은 쉽지 않은 일이다. 그 과정에서 우리는 다 실수하고 넘어진다. 죄인 아닌 자가 없듯 넘어지지 않는 자는 없다. 그래서 겸손, 또 겸손해야 한다(고전 10:12). 넘어지면 일어서면 된다. 또 넘어지면 다시 일어서면 된다. 그렇게 우리는 하루하루 믿음을 따라, 믿음의 사람으로 세워져 가는 것이다.

믿음을 따르기 위한 세 가지 관계를 점검하고, 이제 믿음으로 살기를 결단하자.

11

다 비운 나목 되어
11월

잎 다 떨구고, 아낌없이 내려놓고

알몸으로 서 있는 나목

얼마나 의연하고 강건한지

겨울 눈보라 삭풍도 어쩌지 못한다.

내가 너희에게 나아갈 때에
그리스도의 충만한 복을 가지고
갈 줄을 아노라(롬 15:29)

한 줄기 햇살, 들려오는 새소리

기다림 속에서 복의 충만함이

♦ 빈 의자는 나와 함께하시는
그리스도를 뜻한다.

먼바다 어디선가 다가오고 있다.

저 나목 때문에 봄은 오고야 만다.

화평의 사람

믿음이 강한 우리는 마땅히 믿음이 약한 자의 약점을 담당하고 자기를 기쁘게 하지 아니할 것이라 (15:1)

로마서의 대주제는 그리스도로 인한 구원이다. 사도는 전반부에서 우리가 어떻게 구원을 얻는지, 칭의와 성화는 무엇인지, 이스라엘을 향한 하나님의 구원 계획은 무엇인지를 설명한다(1~11장). 후반부에서는 구원받은 자가 어떻게 살아야 하는지에 관해 교훈한다(12~15장). 12장은 교회 안에서의 삶, 13장은 세상에서의 삶, 14장은 교회의 하나 되는 삶, 15장은 하나 된 교회의 선교적 삶에 관해 다룬다. 이 15장은 로마서의 결론이라 할 수 있다.

교회는 그리스도 안에서 서로에게 속한 '하나의' 공동체다. 곧 그리스도의 몸으로서 교회는 하나다. 그리스도로 하나 된 교회가 아니면 그것은 존재론적으로 교회가 아니다. 하나 된 교회가 아니면 그들의 예배와 봉사와 선교는 취미나 과시, 인간 쇼에 불과하다. 결국 무너지고 사라지고 말 한낱 인간 단체일 뿐이다.

그러므로 교회의 하나 됨은 주님의 간절한 소원이요, 우리의 중요한 기도 제목이다(요 17:11, 21~23). 하나 됨이 없이는 교회의 존재도, 목적도, 사명도 다 헛되기 때문이다. 이 하나 됨을 위해 세움을 받은 자들이 있으니, 바로 '믿음이 강한 자'다. 그가 강한 믿음을 얻게 된 것은 교회가 '마땅히' 이루어야 할 하나 됨을 위해서이다(엡 4:3~4). 그리스도 안에서 서로 하나 되어 화평을 누리는 일, 이것이 하나님 자녀의 본래 모습이요 사명이다(마 5:9, 롬 5:1).

> "온 세상이 신음하고 절망하는 이때 형제애의 삶, 일치와 사랑의 삶보다 더 중요한 것은 없습니다. 세상의 요구에 비하면 너무 작아서 거의 보이지 않지만 분명히 변화를 가져올 것입니다." **요한 하인리히 아놀드**

교회에서 화평을 이루는 자로 섬길 수 있도록, 강한 믿음을 달라고 기도하자.

믿음이 강한 사람

> 믿음이 강한 우리는 마땅히 믿음이 약한 자의 약점을 담당하고
> 자기를 기쁘게 하지 아니할 것이라 우리 각 사람이 이웃을 기쁘
> 게 하되 선을 이루고 덕을 세우도록 할지니라 (15:1~2)

강한 자가 화평을 위해 일할 수 있다. 강해야 낙심하지 않고 계속 선을 행할 수 있고, 가리지 않고 누구든 섬길 수 있으며, 어디서나 덕을 세워 갈 수 있기 때문이다(눅 2:40, 딤후 2:1). 사람들은 어떤 이를 강하다 말하는가? 돈, 지식, 권력이 있으면 강한가? 그러나 그들은 실상 약하고 불쌍한 자다. 결국 그것을 잃어버릴 것이기 때문이다.

믿음이 강해지려면 십자가 속량으로 인한 양심의 자유를 누려야 한다(롬 8:34). 그러면 믿음이 굳건해지며 세 가지가 강해진다.

첫째로 이해력이 강해진다. 내가 의인인 동시에 죄인임을 알기에 누구를 판단 비판하지 않는다. 억울한 일을 당해도 내가 더 큰 죄인이기에 속상하거나 보복하지 않는다. 십자가 은혜로 다 이해하며 평안할 수 있다(요 14:27).

둘째로 인내력이 강해진다. 내가 하나님의 사랑받는

자임을 믿기에 어떤 고난과 역경을 당해도 낙심하거나 포기하지 않는다. 모든 것이 합력하여 선이 될 것을 믿는다. 그 평온함으로 끝까지 참고 이겨 낼 수 있다(약 1:4).

셋째로 성취력이 강해진다. 모든 것이 하나님께 달렸음을 알기에 먼저 주의 이름으로 기도한다. 주의 지혜와 능력으로, 주의 인도하심을 받아 내가 생각하고 구하는 것보다 더 크고 놀라운 결실을 맺게 된다(엡 3:20).

이처럼 믿음이 강해지면 이해력, 인내력, 성취력이 올라간다. 그 능력으로 화평을 위해 일하며 교회를 세우고, 연약한 자를 도우며, 이웃에게 선을 행할 수 있는 것이다.

"오소서, 하나님의 평화여. 하나님의 용기여. 결코 쉬지 않는 조용한 힘이여. 오소서, 주님의 은총의 빛을 우리 영혼과 정신과 마음에 부어 주소서." **모리츠 아른트**

믿음이 강한 사람으로 성장하여 이해력, 인내력, 성취력을 발휘하도록 기도하자.

덕을 세우는 사람

우리 각 사람이 이웃을 기쁘게 하되 선을 이루고 덕을 세우도록
할지니라 (15:2)

하루는 중국 초나라 장왕이 성대한 연회를 베풀었다.
연회 중 갑자기 큰 바람이 불어 등불이 다 꺼지고 말았다.
그때 한 신하가 술기운에 어둠을 틈타 왕의 여인을 희롱
했다. 여인은 그 와중에 그의 갓끈을 끊고는, 왕에게 촛불
을 밝혀 범인을 색출할 것을 요청했다.

그런데 왕은 그러지 않았다. 모든 신하가 갓끈을 다 끊
게 한 뒤 불을 밝혀 그 신하의 허물을 감싸 주었다. 몇 년
후 전쟁에서 장왕의 생명이 위급한 때에 한 장수가 목숨
을 걸고 왕을 구했다. 알고 보니 그는 그날 연회에서 왕이
베푼 덕으로 수치를 모면한 신하였다. 이 이야기에서 '절
영지회(絕纓之會)'라는 말이 나왔다고 한다.

오늘날 이런 덕이 사라진 것처럼 보인다. 분쟁과 분열
만 가득한 것처럼 보인다. 통탄할 일이다. 믿음의 사람은
어디서든 덕을 세운다. 덕이란 사려 깊은 생각과 선한 성

품으로 이웃을 대하는 것이다. 덕은 언제든 적극적으로 약한 자의 약점을 담당한다(갈 6:2). 많은 이의 유익을 구한다(고전 10:33). 나를 낮추어 겸손히 섬긴다(고전 9:19~23).

성도의 덕은 예수 십자가 믿음에 나온다. 십자가를 굳건히 믿으면 자연스레 덕이 흘러나온다. 그 덕이 지식, 절제, 인내, 경건, 형제 우애, 사랑으로 확장된다(벧후 1:5~7). 그러므로 자신을 돌아보아야 한다. 만약 내 삶에 덕이 없다면 그 믿음은 잘못된 믿음, 죽은 믿음이다.

"만일 우리가 서로 사랑하면, 서로에게 친절하고 동정적이고, 서로 참고 용서하고, 서로 복종하고, 서로 세우고, 서로 인색하지 않게 환대를 실천하고, 서로 격려하고, 서로 훈계하고 위로하고, 서로를 위해 기도하고, 서로 짐을 질 것이다." **존 스토트**

벧전 1:5~7을 읽고 나에게 어떤 덕성이 부족한지 생각한 뒤 그것을 집중 실천하자.

11
04   세상 기쁨 내려놓기

> 그리스도께서도 자기를 기쁘게 하지 아니하셨나니 기록된 바
> 주를 비방하는 자들의 비방이 내게 미쳤나이다 함과 같으니라
> (15:3)

2세기 교부이자 안디옥의 감독이었던 이그나티우스
(Ignatius)는 전도했다는 죄목으로 붙잡혀 감옥에 갇히게
되었다. 그는 곧 맹수들에게 던져질 것을 예감하고 이런
글을 남겼다.

"나를 맹수의 먹이가 되게 하시오. 난 하나님께 갈 것이
오. 나는 맹수의 이빨에 갈려 그리스도의 깨끗한 빵이
될 것이오. 최후 잠듦에 있어 누구에게도 폐가 되지 않
게 맹수들이 내 몸의 어떤 부분도 남기지 않도록 하시
오. 세상이 나를 볼 수 없을 때, 나는 주의 참 제자가 되
어 있을 것이오. 맹수라는 도구를 통해서 하나님께 온전
한 봉헌이 되도록 기도해 주시오."

예수님은 자기 기쁨을 구하지 않으셨다. 항상 아버

지께서 기뻐하는 일을 하셨다(요 8:29). 숱한 원수가 비방하고 배척하고 미워해도, 결국 십자가에 죽을 것을 알면서도, 주님은 오직 하나님이 기뻐하시는 일만 하셨다(시 69:9). 하나님 아버지의 인간 구원 계획을 이루기 위해 죽기까지 순종하신 것이다.

크리스천도 자기 기쁨을 구하지 않는다. 그에게는 이미 십자가 구원의 감격과 부활의 능력이 있다. 그의 소원, 목적, 행복은 오직 그리스도를 기쁘게 하는 것이다.

내 안에 이런 주의 기쁨이 있다면 어떤 비난과 멸시와 박해가 있더라도 끝까지 선을 이루고 덕을 세울 수 있다. 세상 기쁨을 내려놓고 그리스도를 따라 살 때 나는 세상이 알지 못하는 주님의 기쁨으로 충만하게 된다(시 16:11, 요 15:11, 빌 2:4).

그동안 내 기쁨을 위하여 살았다면, 남은 인생은 하나님을 기쁘시게 하는 삶을 살자.

한 권의 사람

> 무엇이든지 전에 기록된 바는 우리의 교훈을 위하여 기록된 것이
> 니 우리로 하여금 인내로 또는 성경의 위로로 소망을 가지게 함
> 이니라 (15:4)

"나는 한 권의 책의 사람이 되고 싶다. 나의 삶의 근거는 성경이다. 나는 성경에 사로잡힌 사람이다. 크고 작은 일을 막론하고 모든 일에 성경을 따른다." 존 웨슬리

그리스도인은 누구나 성경을 사모한다. 성령을 통해 우리에게 주어진 한 권의 책, 하나님의 말씀인 성경을 믿고 따르는 것이다. 사도는 이 성경이 "우리의 교훈을 위하여" 기록되었다고 말씀한다. 성경은 우리에게 무엇을 교훈하는가? 크게 세 가지로 정리할 수 있다.

하나, 구원에 이르게 하는 교훈이다. 성경은 우리에게 영생에 대한 소망을 갖게 하여(요 5:39) 고난 중에 인내하고 위로하여 구원의 확신을 가지고 평안 가운데 살게 한다(딤후 3:15).

둘, 구원과 신앙의 유일한 표준적 교훈이다. 성경은 구

원이 무엇이고, 어떻게 얻는 것인지를 말씀한다. 또 신앙과 교회 생활은 어떻게 하는 것인지에 관한 유일한 척도로서, 믿음의 정도를 걷게 한다(시 119:96~107, 딤후 3:16).

셋, 하나님의 사람으로 온전케 하는 교훈이다. 성경은 구원이신 예수 그리스도에 관해 쓴 것으로, 우리가 그리스도를 알고 믿고 따르고 성장하여 주님을 닮아 가게 한다(딤후 3:17).

이처럼 성경은 우리를 교훈하여 그리스도를 닮은 강한 성도가 되게 한다. 그러기 위해서는 자주 성경을 읽고 듣고 쓰고 암송하고 묵상해야 한다. 그중에서도 묵상이 가장 중요하다. 묵상해야 읽고 듣고 쓰고 암송한 성경이 오늘 나에게 주시는 하나님 말씀이 되어 매일의 삶에 나타나고 하나님과 동행하는 복된 자가 된다(시 1:1~3).

매일 성경을 묵상하고, 나에게 적용하여 그 말씀에 순종하는 습관을 기르자.

그리스도를 본받아

이제 인내와 위로의 하나님이 너희로 그리스도 예수를 본받아 서로 뜻이 같게 하여 주사 (15:5)

기독교의 목적은 성공, 출세, 명예, 풍요가 아니다. 기독교는 오직 그리스도를 향한다. 그리스도를 알고 믿고 따르고 사랑하며 그분의 뜻을 이루고, 그분의 나라에 참여하는 것이다. 곧 예수를 본받는 것이다(고전 11:1). 그렇다면 우리는 예수의 어떠함을 본받아야 하는가?

첫째로 그리스도의 삶의 기초, '사귐'을 본받는 것이다. 주님의 삶의 기초는 하나님과의 친밀한 사귐이었다. 곧 기도와 예배로 사셨다(막 1:35).

둘째로 그리스도의 삶의 태도, '섬김'을 본받는 것이다. 주님은 사역에서 '종의 자세'를 견지하셨다. 자기를 비워 낮추시고 온유와 겸손으로 섬기셨다(요 13:14~15).

셋째로 그리스도의 삶의 과정, '복종'을 본받는 것이다. 주님은 인류 구원의 과정에서 철저히 아버지의 뜻에 복종하셨다. 십자가는 그 복종의 절정이다(눅 22:42).

넷째로 그리스도의 삶의 과업, '선교'를 본받는 것이다. 주께서 세상에서 하신 일은 사람 살리는 것이었다. 곧 구원을 위해 설교, 양육, 전도, 치유, 봉사를 행하셨다(마 9:35).

다섯째로 그리스도의 삶의 완성, '연합'을 본받는 것이다. 주님은 아버지와의 연합과 제자들과의 연합을 통하여 그리스도의 몸인 교회를 세우셨다(요 17:11, 22, 행 1:8).

이렇게 우리가 성경을 배우며 그리스도를 본받고자 할 때 하나님께서 서로 뜻이 같아지게 하신다. 성령으로 연합된 주님의 몸 된 교회가 세워지는 것이다.

"가는 길 거칠고 험하여도/ 내 맘에 불평이 없어짐은/ 십자가 고난을 이겨 내신/ 주님의 마음 본받음이라./ 주님의 마음 본받아 살면서/ 그 거룩하심 나도 이루리." 찰스 가브리엘, 찬송 455장

오늘 하루 어디서나 그리스도를 본받는 작은 예수로 살 것을 결단하고 기도하자.

하나님 영광을 위하여

한마음과 한 입으로 하나님 곧 우리 주 예수 그리스도의 아버지
께 영광을 돌리게 하려 하노라 (15:6)

"오직 은혜, 오직 믿음, 오직 성경, 오직 하나님 영광!"
이것은 종교개혁자들의 표어로서 기독교 구원의 핵심이
무엇인지를 보여 준다. 교회가 어떻게 참된 기독교회가
될 것인가, 또 성도는 어떻게 구원을 얻고 살아야 하는가
를 네 문장으로 정리한 것이다.

① 구원은 오직 은혜다. 구원은 행위에 달린 것이 아니
다. 우리가 죄인 되었을 때(롬 5:6, 8, 10) 하나님께서 모든
것을 예비하셔서 은혜로 구원받았다(고전 15:10).

② 구원은 오직 믿음이다. 하나님께서 우리를 구원하
기 위해 베푸신 은혜의 중심에 예수 십자가가 있다. 이를
믿음으로 우리는 구원의 은혜를 누린다(롬 5:2).

③ 구원은 오직 성경이다. 성경은 유일하고 완전한 하
나님 말씀이자 구원의 도리이며 신앙의 척도다. 오직 성
경으로만 구원을 받고, 성도의 완전에 이르게 된다(롬

15:4, 딤후 3:15~17).

④ 구원은 오직 하나님의 영광이다. 하나님께서 우리를 구원하신 것은 영광을 받으시기 위함이다(사 43:21). 우리의 삶과 고백을 통해 영광받기를 원하신다. 곧 우리가 서로 다름은 이해하고, 약함은 배려하고, 허물은 감싸 주고, 부족함은 채워 주고, 연약함은 세워 주며 오래 참는 것이다. 이렇게 서로 덕으로 세워져 "한마음과 한 입으로" 하나님을 섬길 때 교회는 온 백성에게 칭송받고 부흥하며 하나님께는 영광이 되는 것이다.

"우리의 삶에서 하나님께 영광 돌리는 것이 우리의 의무라면, 교회는 이 목적을 이루기 위한 공동체적 도구다. 우리는 교회 안에서 연합하여 하나님의 이름을 높이며, 세상 속에서 그분의 영광을 증거해야 한다." 존 스토트

오늘 누군가를 택하여 섬기고 선을 행하여 삶으로 하나님 아버지께 영광을 돌리자.

영광을 돌리는 삶

그러므로 그리스도께서 우리를 받아 하나님께 영광을 돌리심과
같이 너희도 서로 받으라 (15:7)

"나무를 심는 마음으로/ 내 영혼을 심을 수 있다면/ 나
무를 키우는 정성으로/ 내 영혼을 키울 수 있다면 (중략)
나무가 꽃을 피우듯이/ 내 영혼이 꽃을 피울 수 있다면/
나무가 노래하고 사랑하듯이/ 내 영혼이 노래하고 사랑
할 수 있다면/ 나무가 하늘을 향해 감사하며 기도하듯
이/ 내 영혼이 하늘에 감사하고 기도할 수 있다면/ 나무
가 자신의 모든 것을/ 아낌없이 나누어 주듯이/ 모든 것
을 내 영혼으로 베풀 수 있다면/ 오, 하나님!/ 당신의 사
랑으로/ 내 영혼도 한 그루 나무가 되게 하옵소서." **무명**

우린 잘되고 성공해야 하나님께 영광을 돌릴 수 있다
고 생각한다. 만일 그렇다면 내 삶을 통해 돌릴 수 있는
영광은 얼마나 적은가? 우리는 날마다, 일상에서 하나님
께 영광 돌려야 한다. 삶의 모든 것으로 그리해야 한다.

시인은 나무 한 그루를 보며 겸허히 그 나무처럼 살아가기를 기도한다. 이렇듯 일상의 사소한 일에서도 마음과 생각이 하나님을 향해 열려 있다면, 이것이 영광 돌리는 것이다. 곧 아침에 눈을 뜨며 새날을 주신 하나님께 감사하는 것, 식구들과 아침 인사하며 서로 축복하는 것, 이웃의 얼굴을 떠올리고 중보하는 것, 오늘 일과를 충실하게 행하는 것, 누구에게든 겸손과 온유로 대하는 것, 도움을 구하는 이에게 기꺼이 나누는 것, 욕하고 핍박하는 이를 선대하는 것, 저녁 식탁에서 서로 위로하는 것, 잠자리에 들며 회개하고 안식을 구하는 것, 무엇보다 한마음으로 교우들과 함께 예배하는 것, 이 모든 것을 기도와 감사로 행하는 것, 이것이 하나님께 영광 돌리는 삶이다(마 5:16).

오늘 하루 무엇으로 하나님께 영광을 돌릴지 생각하고, 그대로 선을 행하자.

성공이 아니라 섬김이다

내가 말하노니 그리스도께서 하나님의 진실하심을 위하여 할례의 추종자가 되셨으니 이는 조상들에게 주신 약속들을 견고하게 하시고 이방인들도 그 긍휼하심으로 말미암아 하나님께 영광을 돌리게 하려 하심이라 기록된 바 그러므로 내가 열방 중에서 주께 감사하고 주의 이름을 찬송하리로다 함과 같으니라 **(15:8~9)**

예수를 바르게 믿으려면, 먼저 그분이 누구인지를 알아야 한다. 그래서 사도는 로마서 곳곳에서 예수에 대한 기독론적 정의를 밝힌다. '다윗의 씨'(롬 1:3), '하나님의 아들'(롬 1:4), '화목제물'(롬 3:25), '율법의 마침'(롬 10:4) 등이다. 여기서 바울은 예수를 '할례의 추종자'(헬, 디아코노스)로 소개한다. 직역하자면 '할례의 종'이다. 무슨 뜻인가?

할례의 종이란 일차적으로 율법의 종을 의미한다. 율법에는 하나님과 이웃에 대한 사랑이 담겨 있다. 예수님은 율법의 종이 되어 십자가에 죽으심으로 율법과 사랑의 법을 다 이루셨다. 유대인뿐 아니라 이방인도 이를 믿음으로 구원을 얻어 열방이 하나님께 감사하고 영광을 돌리게 하셨다. 한편으로는 이 일들을 통하여 하나님께서 아브라함에게 주신 언약을(창 12:1~3) 견고하게 하셨다.

이처럼 예수님은 모든 사람을 위하여 자기 목숨조차 아낌없이 내어 주는 섬김의 종으로 오셨다(막 10:45). 그 놀라운 섬김으로 우리의 화평이 되시고(엡 2:14), 그리스도의 몸인 교회를 세우셨다. 그렇다면 그분을 따르는 우리는 어떠한가? 바르게 섬기며 살고 있는가?

20세기 초, 이 땅에서 자선과 교육 사업에 일생을 바친 인물 중 서서평 선교사가 있었다. 1934년 그녀가 별세하자 한 신문이 "자선과 교육 사업에 일생을 바친 빈민의 어머니, 서서평 양 서거"라며 그 소식을 전했다. 기사의 부제는 "재생(再生)한 예수"였다. 그야말로 세상이 인정하는 섬김의 삶이었다. 그녀는 임종 전에 이런 메모를 남겼다.

"성공이 아니라 섬김이다(Not Success, but Service)."

예수를 본받아 섬기는 자로서 먼저 교회에서 화평을 이루기를 결단하고 기도하자.

로마서의 결론

또 이르되 열방들아 주의 백성과 함께 즐거워하라 하였으며 또
모든 열방들아 주를 찬양하며 모든 백성들아 그를 찬송하라 하였
으며 또 이사야가 이르되 이새의 뿌리 곧 열방을 다스리기 위하
여 일어나시는 이가 있으리니 열방이 그에게 소망을 두리라 하였
느니라 (15:10~12)

로마서를 읽다가 놀라는 의외의 지점이 있다. 개혁자
들이 '순수한 복음'이라 일컫는 로마서의 결론이 교회의
치유와 회복, 곧 거룩한 공교회성의 회복이라는 사실이
다. 이는 사도신경의 마지막 3조와도 일맥상통한다.

"나는 성령을 믿으며 거룩한 공교회와 성도의 교제와
죄를 용서받는 것과 몸의 부활과 영생을 믿습니다."

예수님의 소망은 유대인과 이방인이 다 구원을 받고,
한 교회가 되어 재림의 그날에 함께 일어나 찬송하는 것
이다(계 7:9~10). 사도는 네 번이나 구약을 인용하여 그 소
망이 실제로 이루어지고 있음을 보여 준다(시 18:49, 신
32:43, 시 117:1, 사 11:10).

주님의 소망은 당연히 우리의 소망이다. 이 소망의 첫

걸음은 내가 속한 교회 공동체에서 약한 형제를 받아 서로 섬기는 것이다. 한 교회가 되어 한마음으로 함께 하나님께 영광 돌리는 것이다. 내가 속한 공동체가 그리스도의 몸으로서 한 교회로 세워지지 않는다면 이 모든 것은 헛된 소망일 뿐이다. 그래서 사도는 로마서의 결론으로 반복해서 교회가 하나여야 함을 강조한다(14~15장). 교회가 하나가 될 때에만 한 소망을 품고 복음을 온 세상에 편만하게 전할 수 있기 때문이다(롬 1:15~16, 15:19).

> "교회는 우리가 믿어야 할 대상입니다. (중략) 교회, 이것은 이런저런 시대에 우리의 희망입니다. 옛 교부는 이렇게 노래했습니다. '하나님은 우리 아버지, 교회는 우리 어머니, 예수 그리스도는 우리 주님.' 이것이 우리의 믿음입니다." **디트리히 본회퍼**

예수님의 소망을 나의 소망으로 품고 교회의 하나됨을 위해 힘써 기도하고 섬기자.

11 열방의 소망, 예수

> 또 이사야가 이르되 이새의 뿌리 곧 열방을 다스리기 위하여 일어나시는 이가 있으리니 열방이 그에게 소망을 두리라 하였느니라 (15:12)

사도는 하나님의 언약을 근거로(사 11:1) 열방의 소망이 되시는 한 분을 소개한다. 그는 이새의 뿌리, 곧 다윗의 혈통에서 나오신 예수 그리스도다. 예수님은 유대인이 아닌가? 그럼에도 왜 열방은 그분께 소망을 두어야 하는가? 지금까지 살펴본 로마서를 바탕으로 대략 여섯 가지로 설명할 수 있다.

첫째로 예수는 의와 구원이다(1~4장). 오직 예수로만 의롭다 함을 얻고 구원을 얻을 수 있다(롬 3:24). 둘째로 예수는 화해와 평화다(5장). 오직 예수로만 하나님과 화해할 수 있고, 평화를 누릴 수 있다(롬 5:1). 셋째로 예수는 율법의 완성과 자유다(6~8장). 오직 예수로만 율법에서 해방되어 자유와 풍성을 누릴 수 있다(롬 8:1).

넷째로 예수는 모든 민족을 위한 구원이다(9~11장). 오직 예수로만 유대인뿐 아니라 열방이 구원을 받고, 하나님 백성이 될 수 있다(롬 11:25~26). 다섯째로 예수는 변화의 능력이다(12~15장). 오직 예수로만 거룩한 삶을 살수 있고, 하나 된 사랑의 공동체를 세울 수 있다(롬 12:1, 14:17~19). 여섯째로 예수는 장차 나타날 하나님 나라다. 오직 예수로만 세상은 종말의 그날을 맞이하며 영원한 하나님 나라가 완성될 수 있다(롬 8:21, 24~25, 15:4).

이것이 바로 열방이 예수께 소망을 두어야 할 근거이며, 둘 수밖에 없는 이유이다.

"예수는 내 기쁨의 원천이고/ 내 마음의 본질이며 희망/ 예수는 모든 근심에서 나를 보호하고/ 내 생명의 힘의 근원이 되고/ 내 눈의 태양과 기쁨이 되며/ 내 영혼의 기쁨이며 보물/ 이제 나는 내 마음과 눈에서/ 예수를 더욱 가까이하네." **요한 바흐**

열방의 소망이 되시는 주님을 찬양하고, 감사를 고백하며 하루를 살자.

소망의 하나님

소망의 하나님이 모든 기쁨과 평강을 믿음 안에서 너희에게 충
만하게 하사 성령의 능력으로 소망이 넘치게 하시기를 원하노라
(15:13)

하나님께서는 언제나 우리를 축복하길 원하신다. 그
래서 성경 역시 축복의 책이다. 창세기부터 요한계시록까
지, 성경 곳곳에 헤아릴 수 없을 만큼 많은 축복의 말씀이
있다(창 1:28, 계 22:21). 사도 바울 또한 복음의 교리와 삶에
관한 말씀을 마무리하면서 축도로 끝을 맺는다. 그 축도
의 내용을 한마디로 요약하면 '소망'이다.

"소망의 하나님이 너희에게 소망이 넘치게 하시기를
원한다!"

사도는 로마서를 마치면서, 그리고 험난했던 지난 시
간을 돌아보며 하나님을 생각한다. 그에게 하나님은 늘
'소망의 하나님'이셨다. 구원의 소망, 화평의 소망, 자유의
소망, 해방의 소망, 교회의 소망, 선교의 소망, 민족의 소
망, 인류의 소망, 미래의 소망, 천국의 소망을 주시는 하나
님이셨다. 그 소망이 그를 믿음 안에서 기쁨과 평강으로

충만하게 해 주었다.

이 소망은 단순한 인간적 소원과는 다르다. 성령께서 내 안에 부어 주시는 하나님의 소망이기 때문이다. 그리스도의 영 성령께서 나를 믿음과 소망으로 이끄신다. 나는 날마다 죽고 내 안에 사시는 그리스도를 믿고 기도할 때 성령의 능력으로 소망이 넘치는 것이다(롬 12:12, 갈 5:5). 이 소망의 넘침으로 인하여 우리는 덕스럽고 강건한 하나님 사람으로 능히 세상을 이기고 넉넉히 사명을 감당하며 살아가는 것이다.

"내 앞에 소망이 확실하면 우리는 모든 사람에게 관용할
수 있고, 항상 하나님 앞에 간증이 있을 것이다. 소망은
덕을 이루는 근본적인 활력소다." **곽선희**

내 삶의 소망이 되시는 하나님을 묵상하고, 내 안에
소망이 넘치기를 기도하자.

선교적 삶의 시작

내 형제들아 너희가 스스로 선함이 가득하고 모든 지식이 차서
능히 서로 권하는 자임을 나도 확신하노라 (15:14)

"세상의 아름다움을 발견하는 자에게는 아름다움을 주
고, 슬픔을 발견하는 자에게는 슬픔을 준다. 기쁨이나
지혜 같은 것도 마찬가지다. 세상은 우리가 생각하는 것
의 반영이다." **카이오와족의 추장**

로마서가 다시 시작된다. 분명 복음의 교리와 삶에 관
한 내용은 15장 13절의 축도로서 끝이 났다. 그런데 14절
부터 다시 새로운 내용으로 시작된다. 일종의 부록이다.
이제 이어지는 구절들은 복음과 바울 자신과의 관계를 설
명하는 사사로운 자기 고백이다.

그는 먼저 로마교회에 대한 생각을 솔직히 밝힌다. 행
여나 이 편지로 인하여 교인들이 상처받지는 않을지, 혹
그들의 신앙을 미성숙한 것으로 간주하는 듯한 인상을 주
지는 않을지 고심하며 바울은 격려하는 차원에서 세 가지

를 칭찬한다. 곧 그들의 성숙한 신앙 인격(선함, 롬 15:2)과 하나님의 구원에 대한 이해(지식, 롬 11:31)와 서로 세워 가는 동역(권면, 롬 14:19)을 인정한 것이다.

바울은 자신의 권위를 드러내며 사람들에게 강압적으로 복음을 전하지 않았다. 언제나 상대를 인정하고 배려하며, 겸손히 자신을 낮추어 복음을 전했다.

이렇듯 선교적 삶은 진솔한 자기 고백과 상대를 향한 인정과 존중에서 시작된다. 상대를 인정하면 할수록 그를 더욱 귀히 여기며 존중하게 된다. 반대로 상대를 비판하면 할수록 그를 더욱 무시하게 된다. 그렇다면 오늘 나는 그 형제를, 이웃을, 세상을 어떻게 보고 있는가?

"꽃을 보고자 하는 사람에게는 어디서나 꽃이 보인다."
앙리 마티스

가족, 친구, 동료의 좋은 점 열 가지를 생각하고, 그것을 직접 표현해 보자.

11 / 14 복음 안에서의 우정

> 그러나 내가 너희로 다시 생각나게 하려고 하나님께서 내게 주신
> 은혜로 말미암아 더욱 담대히 대략 너희에게 썼노니 **(15:15)**

"내가 가장 좋아하는 책은 읽는 사람을 이따금 웃게 만
드는 책이다. 그리고 나를 감동케 하는 책은, 다 읽고 난
후에 그 책을 쓴 작가가 나의 친구가 되어 내가 원할 때
면 언제든 전화할 수 있으면 얼마나 좋을까 하는 기분이
들게 하는 책이다." **J. D. 샐린저**

가장 좋은 배움은 인정과 존경을 통한 공감에서 온다.
공감이 이루어질 때 더 많은 것을 알게 되고, 서로 더 신
뢰하는 관계로 발전하게 된다. 여기서 사도는 일방적으로
가르치는 자가 아니라, '다시 생각나도록 돕는 자'로서 겸
허한 태도를 보인다. 그는 왜 이렇게 스스로를 낮추어 이
야기하는가? 두 가지 이유 때문이다.

하나, 은사의 개별성이다. 사도는 하나님께서 "내게
주신 은혜"를 통해 이 편지를 썼음을 밝힌다. 복음은 같으

나 은사는 개별적이며 사람마다 다르다. 각자의 쓰임이 다르기에 저마다 받은 은혜대로 나눌 때 서로 보완되고 온전하게 된다(롬 12:3).

둘, 복음의 능력성이다. 복음은 그 자체로 능력이 있다. 나는 그저 복음의 봉사자로서 받은 은혜를 겸손히 나누는 것이다. 그러면 말씀과 성령이 동시에 역사하여 어디서든 누구를 통해서든 하나님의 구원 역사가 일어나게 된다.

이 사실을 기억하는 자는 위압적으로 복음을 전하지 않는다. 상대에 공감하며 우정을 나누길 원한다. 그와 믿음의 친구가 되어, 그 안에서 복음이 역사하도록 섬기기를 원한다. 그렇게 우정을 나누며 복음으로 교제하면, 서로 신뢰가 쌓여 마음과 뜻이 통하고, 더욱 담대히 주의 일에 동역하며, 아름다운 주의 교회를 세우게 된다.

나에게 복음의 동지가 있는지 생각하고, 돕는 자로서 겸손하게 관계를 쌓아 가자.

살리는 직분

이 은혜는 곧 나로 이방인을 위하여 그리스도 예수의 일꾼이 되
어 하나님의 복음의 제사장 직분을 하게 하사 이방인을 제물로
드리는 것이 성령 안에서 거룩하게 되어 받으실 만하게 하려 하
심이라 (15:16)

우리는 한 하나님을 믿고, 한 복음을 받았다. 그러나
주어진 은혜는 각기 다르다. 이는 저마다의 은혜로 한 교
회를 세워 더욱 풍성한 하나님 나라를 이루기 위함이다.
여기서 바울은 자신의 받은 은혜를 두 가지로 설명한다.
그리스도 예수의 일꾼과 복음의 제사장이다.

바울은 은혜로 '그리스도 예수의 일꾼'이 되었다. 일꾼
(minster)이란 왕궁이나 성소에 임명된 직분을 말한다. 그
는 이방인을 위한 일꾼으로 그리스도께 임명을 받았다(행
9:15, 26:14~18). 참 숭고하고 영광스러운 직분이기에 그는
자원하여 수고한다. 일생을 바쳐 순종하고, 죽기까지 헌
신한다. 이것이 그리스도의 일꾼이다(롬 14:8, 빌 2:13).

이 그리스도의 일꾼이 하는 실제적인 직무가 '복음의
제사장'이다. 그가 수행해야 할 일은 크게 세 가지다. 하

나 복음의 제물, 자신이 복음을 살아 내며 복음을 위해 산 제물이 되어야 한다(롬 12:1). 둘 복음의 중보, 하나님과 세상 사이에서 누구에게나 복음을 전하며 기도해야 한다(롬 1:9). 셋 복음의 돌봄, 복음을 듣고 돌아온 자들의 믿음이 성장하도록 섬겨야 한다(롬 15:5~6, 고전 6:11).

이 바울의 은혜, 바울의 직무를 한마디로 요약하면 '살리는 사역'이다. 자신도 살고, 교회도 살고, 이웃도 살고, 민족도 살고, 세상도 살리는 그야말로 천사도 흠모할 만한 가장 위대한 사역인 것이다.

"우리의 임무는 세상 전체를 한꺼번에 구원하는 것이 아니라, 우리의 손이 닿을 수 있는 부분부터 뻗어 나가는 것이다. 한 영혼이 슬퍼하는 다른 영혼을 돕기 위해 하는 작고 조용한 일은 큰 의미를 갖는다." **핑콜라 에스테스**

하나님께서 내게 주신 은혜와 직분을 돌아보고, 지금 할 수 있는 일부터 시작하자.

진정한 자랑

그러므로 내가 그리스도 예수 안에서 하나님의 일에 대하여 자랑하는 것이 있거니와 (15:17)

자랑은 인간의 본능이다. 자랑해야 인생이 신나고 살맛이 난다. 그러나 자랑은 부정적 측면이 많아 조심해야한다. 가능한 한 자랑을 절제하는 것이 지혜롭고 덕스럽다(잠 27:1, 렘 9:23, 고전 1:29).

하지만 그리스도의 일꾼은 아무리 자랑해도 지나치지 않다. 그의 자랑은 세상의 자랑과 다르기 때문이다. 그는 인생을 살아가며 세 가지를 자랑한다.

하나, 간증으로 주께서 내게 큰 은혜를 주셨음을 자랑한다(눅 1:48). 둘, 전도로 예수가 그리스도 구원자이심을 자랑한다(벧전 2:9). 셋, 동행으로 나는 죽고 내 안에 그리스도가 사심을 자랑한다(고전 15:31).

그리스도 일꾼은 이렇게 그리스도를 자랑한다. 그로 인하여 신앙은 굳세어지고, 교회는 부흥되며, 하나님 나라는 확장되고, 하나님께 영광을 돌리게 된다.

언젠가 한 성도의 은퇴식에 참석하여 큰 감동을 한 적이 있다. 일평생 회사를 경영하며 한 교회를 섬겨 온 그가 남긴 간증이 우리의 간증이 되기를 소망한다.

"제 인생에 잘한 것이 있다면 예수님을 믿은 것입니다. 예수님 믿고, 바른 가치관이 생겨 없어질 재물로 주를 위해 사용했습니다. 저 같은 죄인이 교회와 신학교를 세우는 일에 쓰임받은 것이 큰 영광입니다. 또 장학 기금으로 믿음의 인재를 키워 낸 것이 저의 보람이요 영광입니다. 아쉬운 것은, 더 많이 더 온전히 바치지 못한 것이지요. 모든 것이 은혜입니다. 이제 은퇴하지만, 생명 다하도록 더욱 주님을 사랑할 것입니다."

나는 하나님의 일에 대하여 자랑할 것이 있는지 돌아보고, 그것을 글로 적어 보자.

주님이 하셨습니다

> 그리스도께서 이방인들을 순종하게 하기 위하여 나를 통하여 역
> 사하신 것 외에는 내가 감히 말하지 아니하노라 그 일은 말과 행
> 위로 (15:18)

한 크리스천이 바닷가를 걷다가 조개를 발견했다. 바닷소리를 들으려고 그 조개를 귓가에 대었는데, 갑자기 안에서 게가 나오는 바람에 깜짝 놀랐다. 조개가 죽자, 게가 빈껍데기 안으로 들어갔던 것이다. 그는 이를 묵상하다가 시를 썼다.

"아무도 살지 않는 빈 조개처럼/ 안에 있는 모든 것을 비울 수 있다면/ 그분께서는 바닷가 모래 위 당신을 보고 말씀하시리./ '죽은 게 아니란다.'/ 그리고는 그분 자신으로 당신을 채우시리./ 그러나 당신이 당신 자신으로 포만하여/ 그토록 약삭빠르게 움직이면/ 그분께서 보고 말씀하시리./ '너는 혼자서도 충분하겠구나./ 너무 좁고 꽉 찼으니 내 자리는 없구나.'" **캘빈 밀러**

주의 일을 하는 사역자는 두 유형으로 나눌 수 있다. 자신이 주도적으로 주의 일을 하는 사람과 주께서 일하시도록 자신을 드리는 사람이다. 나는 어떤 사람인가?

내가 주의 일을 하면 내가 드러나며 자랑, 과시, 교만, 독선에 빠지기 쉽다. 또 내 능력으로 주의 일을 하기에 늘 한계에 부딪쳐 어렵고, 불평 불만하며 좌절하게 된다. 내가 주의 일을 하는 것은 사실상 주의 이름을 걸고 내 일을 하는 것이다. 그저 사람의 일일 뿐이다(마 16:23).

그러나 종종 주께서 일하시도록 자신을 드리는 사람을 본다. 그는 십자가에 날마다 죽는다. 그리스도 영, 성령이 그 안에 거하신다. 성령에 이끌려 주님 마음으로 행하기에 사역이 쉽다. 재미있다. 시련이 와도 넉넉히 이긴다. 하나님을 찬양하고 경배한다. 그는 늘 이렇게 고백한다. "주님이 하셨습니다. 주님께 영광 돌립니다."

내게 주어진 모든 일을 주님께 맡기고, 주님께 감사하며, 주님께 영광을 돌리자.

성령의 능력으로

표적과 기사의 능력으로 성령의 능력으로 이루어졌으며 그리하여 내가 예루살렘으로부터 두루 행하여 일루리곤까지 그리스도의 복음을 편만하게 전하였노라 (15:19)

단순한 여행도 힘겨웠을 시절, 사도 바울은 지중해 인근 곳곳을 다니며 복음을 전했다. 어떻게 이런 일이 가능한 것인가? 사람의 힘으로는 불가하다. 그러나 복음의 제사장 직무를 감당하는 주의 일꾼에게는 가능하다. 성령의 역사가 있기 때문이다. 성령께서는 주의 일꾼에게 이런 은혜들을 허락하신다.

① 환난 속에서 평안을 누린다(행 12:6~7). ② 난관을 만나도 지혜로 해결한다(행 7:10). ③ 말에 권세가 생긴다(행 27:25). ④ 돕는 사람을 만난다(행 11:25~26). ⑤ 기사와 표적이 일어난다(행 5:16).

바울이 언급하는 예루살렘은 복음의 시작점이고, 일루리곤은 3차 전도 여행의 종착점이다(행 20:1~2). 그가 2,000km가 넘는 거리를 오가며 복음을 편만하게 전했다는 것은 주요 도시마다 교회를 세우고, 충성스런 일꾼을

세워서 그 지역 구석구석에 복음이 퍼져 나가도록 했다
는 것이다. 이 모든 것이 성령에 매인 자에게 나타나는 성
령의 역사다. 하나님의 일은 오직 성령으로만 이루어진다
(행 1:8, 고전 2:4).

> "우리 힘으로 한 것은 아무것도 없고, 심지어 쉽게 패합
> 니다. 그러나 하나님이 직접 선택하신 완전한 한 사람이
> 있으니 그가 우리를 위해 싸웁니다. 그가 누구일까요?
> 그의 이름은 예수 그리스도이고 만군의 주이시며 임마
> 누엘 성령이십니다. 그가 바로 싸움터를 맡아야 합니
> 다." **마틴 루터**

내 삶에 성령의 역사가 있는지 살피고, 성령에 매인
주의 일꾼 되기를 기도하자.

패스브레이커의 자신감

또 내가 그리스도의 이름을 부르는 곳에는 복음을 전하지 않기를 힘썼노니 이는 남의 터 위에 건축하지 아니하려 함이라 기록된 바 주의 소식을 받지 못한 자들이 볼 것이요 듣지 못한 자들이 깨달으리라 함과 같으니라 (15:20~21)

평생 마음에 담고 사는 단어가 하나 있다. 그것은 '패스브레이커'다. Path(길)와 Breaker(파괴자)의 합성어로 '개척자'라는 뜻이다. 이 단어를 품고 일평생 하나님의 사명을 감당하며 어디서나 새로운 길을 내고자 했다. 나는 이런 개척자의 태도를 이렇게 정의한다. "길이 없으면 길을 만들어 간다. 거기서부터 희망이다!"

바울 역시 개척자였다. 선교를 함에 있어 그는 언제나 새로운 지역에 복음을 전하는 개척 선교를 지향했다. 그는 왜 미전도 지역에서만 전도하기로 했을까?

첫째로 나만의 부르심 때문이다. 그는 이사야 52장 15절을 인용하는데, 이 말씀이 자신을 통해 이뤄짐을 믿었다(고후 10:14~17). 누구나 개척자가 될 수 있는 것은 아니다. 분명한 부르심이 있고, 확고한 사명감이 있어야 한다.

둘째로 효과적인 전도 때문이다. 그는 미전도 지역에 가서 복음을 전하고, 결신한 몇 사람을 집중 양육하여 교회를 세웠다. 그리하여 그들로 자기 지역을 전도하게 하고 자신은 다른 곳에서 다시 복음을 전했다(고전 3:5~6).

셋째로 믿음에 의한 자신감 때문이다. 그는 확고한 소명과 함께(롬 11:13, 갈 2:8, 딤전 2:7) 기사와 표적을 통하여 하나님께서 나와 함께하신다는 강한 믿음이 있었다. 이 믿음이 자신감이 되어 담대히 개척의 길로 매진할 수 있었다.

"신앙은 하나님에 대한 완전한 자신감이다. 이 자신감은 모든 두려움을 잠재우고, 하나님이 나와 함께 일하신다는 확신과 함께 담대함과 도전으로 나아간다." A. W. 토저

나에게 하나님으로 인한 자신감이 있는지 돌아보고, 더욱 담대하게 복음을 전하자.

일이 막힐 때

그러므로 또한 내가 너희에게 가려 하던 것이 여러 번 막혔더니
(15:22)

서두(롬 1:13)에 언급한 대로, 바울은 여러 차례 로마를 방문하려고 했다. 다만 번번이 그 길이 막혔다. 그럼에도 주를 신뢰하며 믿음을 지켰기에 그는 로마서를 쓸 수 있었다. 그는 어떻게 믿음을 지켰는가?

첫째, 그는 하나님의 뜻에 순종했다. 하나님의 뜻을 말씀과 기도로 분별하고 매사에 성령의 인도를 받아야 한다. 지금은 이유를 알 수 없어도 후에는 막힌 것이 더 선하고 복된 길임을 깨닫게 된다(롬 12:1).

둘째, 그는 믿음의 인내로 기다렸다. 하나님의 약속은 반드시 이루어짐을 믿으며 참고 기다려야 한다. 믿음의 인내가 없이는 어떤 선한 일도 이루어질 수 없다(롬 8:25).

셋째, 그는 오늘 할 일에 충실했다. 당장 로마에 갈 수는 없었지만, 그에게는 지금 할 수 있는 일이 있었다. 바로 편지 쓰기다. 상황이 여의치 않아도 오늘 해야 할 일에

충실할 때 생각지 못한 축복을 경험하게 된다(롬 12:11).

넷째, 그는 감사의 마음을 유지했다. 일이 막히면 불평하고 원망하기 쉽다. 그럼에도 감사할 때 여유가 생기고, 지혜가 열리고, 시야가 넓어진다. 주의 뜻을 알게 되어 더욱 순종하므로 모든 것이 합력하여 선이 된다(롬 8:28).

그러므로 일이 막힐 때가 결정적인 순간이다. 그때 내가 어떤 태도를 가지느냐가 결국 인생을 결정한다.

"주님, 위험이 닥쳐도 항심을 잃지 않고 살아가도록 용기를 주십시오. 힘겨운 일이 닥쳐도 남을 도울 채비를 갖추고 살아가게 해 주십시오. 실수를 해도 너무 오래 좌절하지 않게 하십시오. 항상 주님을 위해 살아가게 하시고, 주님의 말씀을 이루는 도구로 살아가게 해 주십시오." 헨리 나우웬

일이 막힐 때 나는 어떻게 하는지 돌아보고, 바울의 태도를 마음에 새기자.

전도에는 실패가 없다

이제는 이 지방에 일할 곳이 없고 또 여러 해 전부터 언제든지 서바나로 갈 때에 너희에게 가기를 바라고 있었으니 **(15:23)**

"이제 보라. 로마 이 땅에서 너희가 제사하는 신전을 빼놓고 우리가 그리스도의 복음을 전하지 않는 곳이 어디 있는가, 한번 보라. 너희가 제사하는 신전을 빼놓고 예수의 이름이 증거되지 않는 곳이 어디 있는가 말해 보라." **터툴리안**

많은 크리스천이 전도에 대한 부담감을 가지고 있다. 전도하다가 거절당하거나 실패했던 경험이 있기 때문이다. 그러나 사실 전도에는 실패가 없다. 왜 그런가?

전도가 주님의 지상 명령에 순종하는 일이기 때문이다. 전도가 진실로 한 사람을 사랑하는 일이기 때문이다. 전도가 성령의 감화에 민감하게 반응하는 것이기 때문이다. 전도가 언젠가 한 영혼이 구원받는 것을 소망하기 때문이다. 전도가 한 영혼을 위해 기도하는 일이기 때문이다. 전도가 나의 신앙 성숙으로 이어지기 때문이다. 전도가 교회에 성령의 역사를 불러일으키기 때문이다. 전도가 이 땅에 하나님 나라를 이루는 것이기 때문이다.

따라서 전도는 결과에 상관없이 시도하는 것만큼 믿음 성숙이고, 시도하는 것만큼 교회 부흥이고, 시도하는 것만큼 하나님 나라 확장이다. 전도에는 실패가 없다.

개척자 바울이 기이한 고백을 한다. "이제는 이 지방에 일할 곳이 없다." 이 지방은 어딘가? 예루살렘에서부터 일루리곤까지 지중해 동부 지역의 도시들(에베소, 고린도, 데살로니가, 빌립보, 다메섹 등)을 말한다. 이 지역에 복음이 편만하게 전해졌기에(19절) 더는 교회 개척할 곳이 없다는 것이다. 놀랍지 않은가! 복음은 그 자체로 능력이 있기에 전도자는 성령에 매인 바 되어 전하기만 하면 구원의 역사가 일어난다. 그래서 전도에는 실패가 없다.

전도에는 실패가 없다는 사실을 믿고, 때를 얻든지 못 얻든지 사랑으로 복음을 전하자.

죽음도 불사한 사명

이제는 이 지방에 일할 곳이 없고 또 여러 해 전부터 언제든지 서바나로 갈 때에 너희에게 가기를 바라고 있었으니 **(15:23)**

사도 바울은 복음을 전하기 위해 많은 수고와 고생을 했다. 그렇게 그는 예루살렘에서부터 일루리곤까지 편만하게 복음을 전했다. 더 이상 일할 곳이 없었다. 그만하면 이제 쉬어도 되지 않을까? 숨 좀 돌리고 안식해도 되지 않을까? 그의 나이 50 전후, 1세기에 그 정도 나이는 오늘날의 70~80은 되었을 것이다. 그는 쉬어도 되었다.

그러나 바울은 새로운 선교를 그린다. 고린도에서 예루살렘으로(1,300km), 예루살렘에서 로마로(2,400km), 그리고 로마에서 서바나로(1,100km) 가는 먼 여정이었다. 서바나(스페인), 그곳은 최종 목적지로 당시에 땅끝으로 여겨지던 곳이다. 배로 가도 4,800km나 가야 할 지난한 여정이었고, 일부를 육지로 간다면 훨씬 더 험한 여정이었다. 그야말로 생명을 건 모험이었다.

이제는 쉬어도 될 만한 그가 왜 위험천만한 여행을 계

속하고자 하는가? 복음의 절대성(롬 1:16, 고전 9:16)과 긴박
성(롬 13:11, 고후 6:2) 때문이다. 그는 부활하신 그리스도를
만나 '이방인의 사도'로 부름받았다(행 26:17~18). 온 세상
에 복음이 전파되어 이방인의 충만한 수가 구원을 받으면
비로소 이스라엘도 구원을 받고, 인류 구원이 완성된다고
그는 믿었다. 온 인류의 구원이라는 사명이 그를 밀고 간
것이다. '땅끝 사명'이 불타는 열정이 되어 위험도, 죽음도
불사하고 그를 서바나로 이끈 것이다(행 1:8, 20:24).

"하나님이 내게 주신 사명이라면 무엇도 누구도 나를 멈
추게 할 수 없다." **윌리엄 윌버포스**

나의 삶을 이끄는 하나님의 사명이 있는지 돌아보
고, 그것을 글로 적어 보자.

가장 아름답고 복된 교제

이는 지나가는 길에 너희를 보고 먼저 너희와 사귐으로 얼마간
기쁨을 가진 후에 너희가 그리로 보내주기를 바람이라 **(15:24)**

"힘든 시기일수록 마음속에 아름다운 어떤 것을 품고 다
녀야 한다. 그 아름다움이 우리를 구원한다." **무명**

사도의 마음속에는 늘 십자가와 교회가 있었다. 특히
교회는 그의 신앙과 삶, 사역의 중심이었다. 그는 가는 곳
마다 교회를 세웠다. 어디에 있든지 편지를 보내어 교회
를 양육했다. 그뿐 아니라 그 자신도 교회를 통해 위로와
격려, 새 힘을 얻곤 했다. 그의 삶은 교회 안에서 나누는
성도의 교제가 어떠해야 하는지를 아주 잘 보여 준다.

① 성도의 교제는 서로 보기 원하는 것이다. 서로 주
안에서 응원하며 중보하기에 얼굴 보기를 원하는 것이다
(롬 1:9~10). 곧 기도의 교제다.

② 성도의 교제는 서로 사귀는 것이다. 복음 안에서 서
로에게 있는 신령한 은사를 나누어 서로의 믿음을 견고케

하는 것이다(롬 1:11~12). 곧 세움의 교제다.

③ 성도의 교제는 서로 보내는 것이다. 사귐을 통하여 서로 안위를 얻고 기쁨을 누렸다면 이제 주의 일을 위하여 함께 세우고, 파송하는 것이다. 곧 동역의 교제다.

사도는 잠시 로마에 머물며 기도와 세움의 교제가 깊어지면, 교회가 자신을 서바나로 파송해 주는 동역의 교제에까지 이르기를 기대하고 있다. 이처럼 우리의 가슴 속에 있는 성도의 교제라는 아름다움이 우리를 기쁘게 하며, 교회를 견고히 세우고, 세상을 구원하는 것이다.

> "하나님이 우리에게 행하신 것처럼 우리는 형제에게 그렇게 해야 한다. 곧 기도하고, 돕고, 위로하고, 서로의 짐을 나누는 것이다. 이 모든 것이 그리스도 안에서 가능하다." **디트리히 본회퍼**

교회를 그리스도의 몸으로 귀히 여기고, 성도의 교제가 가능한 소그룹에 참여하자.

주의 인도하심 따라

그러나 이제는 내가 성도를 섬기는 일로 예루살렘에 가노니
(15:25)

크리스천은 성령의 인도를 받는 자다. 내 생각, 내 뜻, 내 소원대로 사는 것이 아니라 먼저 주의 뜻이 무엇인지 묻고, 성령의 인도에 따라 사는 것이다. 사도의 소원은 로마에 가는 것이었다. 로마는 당대의 세계 중심지로, 그곳에 이미 교회가 있어 그들과 성도의 교제를 나누길 원했다. 그러나 여러 번 그 길이 막혔다.

이제 길이 열렸으니 로마로 직행하면 된다. 하지만 사도는 곧장 로마로 향하지 않는다. 예루살렘을 거쳐 가겠다고 한다. 무엇 때문인가? "성도를 섬기는 일" 때문이다. 곧 이방 교회에서 모금한 연보를 어려운 예루살렘 교회에 전달하는 일과 이를 통하여 유대인 크리스천의 마음이 열려 이방인 크리스천과 한 몸 된 교회를 이루게 하기 위함이다(행 15:15, 롬 15:6).

사도는 자신의 바람이 아니라 성령의 인도를 먼저 생

각했다. 그 인도에 순종했다. 예루살렘에 가는 길은 그에게 매우 부담스럽고 힘든 길이었다. 여러 위험이 도사리고 있었다. 얼마나 힘들었으면 로마교회에 화를 당하지 않도록 기도를 부탁하기까지 했을까(롬 15:30~32). 자기 자신만 생각하면 예루살렘은 갈 길이 아니었다. 그런데도 그는 갔다. 성령께서 강권하셨기 때문이다. 자기 생각과 판단이 아니라 먼저 주의 뜻에 순종한 것이다(롬 8:13~14).

"주님, 우리가 길을 알지 못하고 헤맬 때 주님의 말씀으로 항상 올바른 길로 인도하소서. 우리가 고난에 처할 때 늘 주님만 신뢰하도록 흔들리지 않는 견고한 마음을 주소서. 오직 주님만을 바라보며 주의 인도하심에 늘 깨어 있게 하소서." **미하엘 쉬르미어**

나는 성령의 인도를 받고 있는지 돌아보고, 오늘 하루 주의 뜻을 구하며 살자.

성령을 따르는 선택

이는 마게도냐와 아가야 사람들이 예루살렘 성도 중 가난한 자들을 위하여 기쁘게 얼마를 연보하였음이라 (15:26)

전도와 구제(봉사)는 이 땅에 구체적으로 하나님 나라를 실현하는 두 가지 방법이다. 전도는 하나님 나라의 기쁜 소식, 곧 복음을 전하는 것으로 예수가 그리스도이심을 선포하는 것이다. 구제는 하나님 나라의 긍휼 사역, 곧 복음의 사회적 실천으로 사람들의 필요에 따라 나누는 것이다. 이 전도와 구제는 상호 보완적 관계로 서로를 받쳐줘야 교회도 하나님 나라도 더욱 든든히 세워지게 된다.

우리는 신앙의 성향에 따라 이 둘 중 하나를 강조하곤 하지만, 사실 무엇이 먼저냐는 문제가 아니다. 그 전에 내가 복음에 사로잡혀 있는가가 문제다. 내가 그리스도께 잡혔으면 주어진 현장에서 성령의 인도 따라 전도든 구제든 필요한 일을 먼저 하면 된다(요 16:13, 행 11:28~30).

사도는 어디서나 성령을 따랐다. 그가 머문 마게도냐의 교회는 분명 이제 막 복음을 접한 어린 수준의 믿음이었다. 그럼에도 사도는 그들에게 예루살렘 교회를 위한 구제 연보를 독려했다(고전 16:1~3, 갈 2:10). 미리 준비하여 정한 대로 풍성히 즐겁게 하라고 했다(고후 9:5~8). 기이한 일은 그들이 '기쁘게' 했다는 것이다. 생면부지의 예루살렘 교회를 위하여 그들은 기쁘게 자신을 드렸다.

이렇듯 그리스도께 매인 바 되어 성령의 인도 따라 살면, 그때그때 지혜로 대처하여 기쁨을 누리게 된다. 전도냐 봉사냐, 무엇이 먼저냐의 문제가 아니다. 내가 그리스도께 사로잡혔느냐, 성령의 인도를 받느냐가 문제다.

"우리는 우리를 인도하시는 위로자이신 성령 하나님을 믿습니다. 그분은 우리가 약할 때 강하게 하시고, 어디로 가야 할지 모를 때 가르쳐 주시고 인도하십니다." R. 알렉산더 슈뢰더

성령께 순종하며 내게 주어진 물질로, 오늘 구체적인 한 영혼을 섬겨 보자.

섬김의 기쁨

> 저희가 기뻐서 하였거니와 또한 저희는 그들에게 빚진 자니 만일
> 이방인들이 그들의 영적인 것을 나눠 가졌으면 육적인 것으로 그
> 들을 섬기는 것이 마땅하니라 **(15:27)**

세상에서 가장 큰 기쁨은 '주 안의 기쁨'이다. 주 밖의 기쁨, 곧 세상의 기쁨은 일시적인 것이며 잠시 있다가 사라지는 허망한 것이다. 그러나 주 안의 기쁨은 지속적이고 충만하며 영원하다(요 16:22, 24). 이 주 안에서 누리는 기쁨은 세 가지로 이어진다.

먼저 구원의 기쁨이다. 이는 예수를 구주로 믿고, 거듭난 하나님 자녀로서 누리는 기쁨이다(시 4:7). 또한 동행의 기쁨이다. 이는 하나님 자녀로서 이제 '주님은 내 안에 나는 주님 안에' 거하며 하나님과 함께하는 기쁨이다(시 16:11, 요 15:11). 그리고 섬김의 기쁨이다. 이는 주의 일꾼으로 택함받아 교회와 하나님 나라를 세워 가는 기쁨이다 (빌 2:17~18).

예루살렘교회의 성도 중에는 가난한 자가 많았다. 기근이 있기도 했지만, 주원인은 박해였다. 1세기 유대인

크리스천은 유대교에서 분리되어 가정과 사회로부터 배척을 받았기에 극심한 가난에 시달릴 수밖에 없었다.

이를 알고 사도는 이방인 교회에 연보를 독려하여 피차 유익하게 했다. 유대인 크리스천들이 위로를 얻고 한 교회로 연합되며 기뻐하기를, 이방인 크리스천들이 자원하는 연보를 통해 즐겨 나누며 기뻐하기를 원한 것이다. 이 섬김으로 인한 기쁨은 경험해 본 사람만이 아는 신비한 정서다. 그 기쁨을 나는 이렇게 노래한다.

"섬기는 자의 길은/ 가장 낮은 곳에 머물지라도/ 거기서 발견하는 것은/ 참된 보람과 기쁨이라./ 주는 것이 받는 것보다/ 더 큰 행복이 되는 순간/ 섬김은 사랑의 또 다른 이름이 되고/ 나의 작은 행위가/ 하나의 세상을 피어나게 하리라."

나의 기쁨은 무엇인지 돌아보고, 오늘 하루 섬김을 통하여 최고의 기쁨을 누려 보자.

가장 좋은 길

> 그러므로 내가 이 일을 마치고 이 열매를 그들에게 확증한 후에
> 너희에게 들렀다가 서바나로 가리라 (15:28)

바울의 계획은 로마를 거쳐 서바나로 가는 것이었다. 그러나 그는 로마와 정반대 방향인 예루살렘으로 향했다. 이방인 교회의 연보를 전달하기 위해서다. 만약 연보를 전달만 하는 것이라면, 굳이 가지 않고 다른 사람을 보낼 수도 있었다. 더구나 예루살렘에 가면 목숨의 위협이 있음을 그는 알았다(행 21:11~14).

그럼에도 그는 예루살렘으로 향한다. 왜 그렇게 했는가? 예루살렘에 '열매를 확증'하기 위해서다. 열매란 그가 이방 지역에 복음의 씨를 뿌려 그곳에 교회가 세워지고, 그 지역 성도들이 예루살렘 교회를 위해 드려 모은 연보를 뜻한다. 이 소통으로 인해 이방인 교회와 예루살렘 교회가 그리스도의 한 몸이 되어 연합하는 영광의 시간이 시작된 것이다. 이는 하나님 백성에게 주어진 예언의 성취였다(사 25:6~8).

바울의 이런 담대한 믿음과 지혜는 어디서 오는 것인가? 바로 성령이다. 그는 언제나 성령의 인도를 받았다. 성령의 인도를 받기 위해서는 이 네 가지를 기억해야 한다. 하나, 내 안에 성령이 거하심을 믿어라(롬 8:9, 고전 3:16). 둘, 매일 성경을 묵상하고 성령의 감화에 순종하라(시 1:2, 요 14:26). 셋, 쉬지 않는 기도로 성령님과 매 순간 대화하라(행 8:26~29, 엡 6:18). 넷, 일상에서 성령의 역사에 민감하게 반응하라(행 16:6~10, 롬 8:14).

"하나님께서는 성령을 통해 우리에게 가장 좋은 길을 알려 주신다. 성령께서 인도하신 길을 따르는 것은 하나님께서 계획하신 놀라운 결과를 누리는 방법이다." **앤드류 머레이**

성령의 인도에 관한 성구를 찾아 읽은 후, 오늘 받았던 성령의 인도를 글로 적어 보자.

충만한 복

내가 너희에게 나아갈 때에 그리스도의 충만한 복을 가지고 갈 줄을 아노라 (15:29)

프랑스 작가 모파상(Guy de Maupassant)의 〈목걸이〉라는 소설이 있다. 마틸드라는 여인이 파티에 가기 위해 친구의 보석 목걸이를 빌려 목에 걸고 참석한다. 그런데 그 목걸이를 어디선가 잃어버리고 만다. 어쩔 수 없이 그녀는 빚을 내서 똑같은 목걸이를 사서 친구에게 돌려준다. 그리고 빚을 갚기 위해 10년이나 고생한다. 빚을 거의 다 갚을 무렵, 우연히 친구를 만나게 된다. 그제야 그녀는 그간 있었던 일을 이야기한다. 그러자 친구는 말한다.

"이를 어째, 내가 빌려준 그 목걸이는 가짜였는데."

우리 인생 역시 이 이야기와 비슷하지 않은가? 가짜에 매여 시간을 허비하고, 고생하며 어리석게 사는 것이다. 여기, 가짜가 아닌 진짜 보물이 있다. 바로 '충만한 복'이다. 사도는 오래전부터 충만한 복을 로마에 가지고 가서 나누길 원했다(롬 1:11). 이 충만한 복, 사도가 전하고 싶었던 인생의 진짜 보석은 무엇인가?

그것은 하나님께서 아브라함에게 약속하신 복이다(창 12:3, 15:6). 예수께서 십자가로 이루신 복이다(갈 3:8). 예수를 그리스도로 믿는 자가 받는 복이다(롬 1:16). 성령으로 누리는 임마누엘의 복이다(요 14:16). 모든 두려움을 물리치는 평안의 복이다(요 14:27). 무엇에도 매이지 않는 자유의 복이다(요 8:32). 죄 가운데 거하지 않는 거룩의 복이다(시 51:10). 무엇도 부러워하지 않는 풍성의 복이다(골 2:3). 어떤 고난도 이겨 내는 강건의 복이다(사 40:30~31). 인생을 허비하지 않는 사명의 복이다(요 17:4). 기도가 이루어지는 응답의 복이다(요 15:7). 죽음까지도 이기는 영생의 복이다(딤후 4:7~8). 이는 하늘에 속한 모든 신령한 복이다(엡 1:3). 이 충만한 복을 알고, 누리고, 전하고, 나누는 자여, 그대는 복되고 복되도다!

복음으로 인한 충만한 복이 나에게 있는지 확인하고, 그 복을 더욱 누리고 나누자.

중보기도

> 형제들아 내가 우리 주 예수 그리스도와 성령의 사랑으로 말미암아 너희를 권하노니 너희 기도에 나와 힘을 같이하여 나를 위하여 하나님께 빌어 (15:30)

누군가를 전도하는 것은 절대 쉬운 일이 아니다. 그가 기독교에 반감이 있거나 박해하는 사람이라면 더욱 그렇다. 위대한 사도 바울마저도 전도할 때 '약하고 두려워하고 심히 떨었던 적'이 있었음을 고백한다(고전 2:3).

이제 사도는 성령의 강권하심에 의해 예루살렘 방문을 앞두고 있다. 큰 부담과 생명의 위협을 느끼는 순간이다. 이런 때에 사도는 무엇을 하는가? 그는 로마교회에 기도를 간곡히 부탁한다.

여기서 우리는 중보기도가 무엇이며 얼마나 중요한 것인지를 배운다. 중보기도는 ① 그리스도 안에서 한 형제자매 된 자들의 강력한 연합이다. ② 한 그리스도, 한 성령, 한 사랑으로 간구하는 신앙고백이다. ③ 성령의 역사하심이 있는 가장 친밀하고, 힘이 되는 성도의 교제이다(롬 1:9~10). ④ 실제로 어둠의 세력과 위험을 이기는 하나님의 능력이다(창 19:29, 32:28, 행 12:5, 엡 6:18).

　이처럼 중보기도는 우리의 연약함을 인정하고, 그리스도 안에서 하나 된 하나님의 자녀들이 한마음으로 함께 아버지의 도우심을 구하는 것이다. 그 아름다운 모습을 보고 어찌 하나님이 역사하시지 않겠는가(마 18:19)!

　"우리의 연약함은 주 예수 그리스도의 능력이 나타날 기회가 된다. 연약함이 크면 클수록 그는 자기의 힘을 나타내시려고 더 가까이 오신다. 시험이 크면 클수록, 난관이 크면 클수록 주님의 도우심은 더 가까이 나타난다." **조지 뮬러**

　내가 기도해야 할 영혼들을 수첩에 적고 그를 위해 기도한 뒤, 안부를 전하자.

선교사를 위한 기도

나로 유대에서 순종하지 아니하는 자들로부터 건짐을 받게 하고
또 예루살렘에 대하여 내가 섬기는 일을 성도들이 받을 만하게
하고 (15:31)

하나님의 사람은 기도한다. 기도에 어떤 능력, 어떤 열
매가 있는지 알기 때문이다. 사도 역시 기도의 능력을 믿
고 확신하기에 한 번도 만난 적 없는 로마교회 성도들에
게 기도를 부탁한다. 그리스도 예수를 따르는 한 믿음으
로, 성령을 의지하는 한 사랑으로 그들에게 자신을 위한
중보기도를 요청한 것이다. 그 기도 제목은 세 가지다.

하나, 예루살렘 유대인들의 심각한 위협에서 보호해
주소서. 둘, 구제 연보가 잘 전달되어 유대인과 이방인이
한 교회 되게 하소서. 셋, 이 기도가 응답되어 기쁨으로
로마에 방문하여 위로와 힘을 얻게 하소서.

오늘 우리는 누구를 위해 기도하고 있는가? 누가 우
리에게 기도를 부탁하는가? 무엇보다 복음의 최전선에서
사역하는 선교사들을 위해 기도해야 한다. 로마교회 성도
들이 바울을 위해 그리했던 것처럼, 우리도 그들을 위해

기도해야 한다(갈 6:2). 그렇다면 어떻게 기도할 것인가? 간략하게 나의 기도를 적어 본다.

"하나님 아버지! 주님의 지상 명령에 순종하여 온 세상에 나가 복음을 전하는 주의 선교사들이 있음에 고맙고, 감사합니다. 모든 선교사가 십자가 부활의 복음으로 충만케 하시고, 성령으로 담대하고 온유하게 예수를 전하게 하소서. 복음을 전할 때마다 그들의 마음이 열려, 풍성한 구원의 열매가 있게 하소서. 하나님의 전신갑주로 무장하여, 핍박과 박해의 영적 전투에서 능히 이기게 하소서. 선교사의 가정과 자녀를 악에서 보호하시고, 모든 것이 합력하여 선을 이루게 하소서. 교회 세움과 선교를 위한 필요를 채우시고, 날마다 복음의 충만을 누리게 하소서. 마라나타, 주 예수여! 속히 오시옵소서! 아멘."

주변의 목회자와 해외 선교사를 위해 기도하고, 그들과 동역할 방법을 찾아보자.

로마서 365

12

상록수 은혜와 평강
12월

로마서 16장, 서른여섯의 이름들

각기 다른 길 위에서 함께한 꿈.

진정한 평강, 하늘의 소망

서로의 품 안에서 은혜를 나누네.

눈이 내린 그 상록수처럼

어두운 겨울에도 희망을 잃지 않듯

우리의 인연도, 끈끈한 사랑으로

주의 은혜 안에서 굳건히 서게 하소서.

평강의 하나님께서 속히
사탄을 너희 발 아래에서
상하게 하시리라 우리 주
예수의 은혜가 너희에게
있을지어다 (롬 16:20)

♣ 빈 의자는 나와 함께하시는
그리스도를 뜻한다.

기도한 대로만 되지 않는다

나로 하나님의 뜻을 따라 기쁨으로 너희에게 나아가 너희와 함께
편히 쉬게 하라 (15:32)

사도는 예루살렘으로 가고자 기도를 부탁했다. 유대
인 위협으로부터의 보호, 연보의 전달과 갈등의 중재, 로
마에서의 편안한 쉼을 위해 함께 기도할 것을 바랐다. 그
러면서 이 모든 일이 '하나님의 뜻'에 따라 이뤄질 것을 소
원했다. 그렇다면 이 기도들은 응답되었을까?

첫 번째 기도, 사도는 예루살렘 도착 즉시 체포되어 재
판받고 투옥되었다. 그 와중에 폭행, 채찍질, 암살 음모에
서 구원받았다(행 21:30, 22:25, 23:12). 따라서 이 기도는 응
답 안 되었다. 그러나 되었다.

두 번째 기도, 연보가 예루살렘 교회에 전달된 것은 확
실하다(행 24:17). 그러나 그것이 어떻게 전달되고, 받아들
여졌는지에 대한 기록은 찾을 수 없다. 따라서 이 기도는
부분적인 응답만 확인된다.

세 번째 기도, 사도는 주님의 약속대로 로마에 이른다

(행 23:11). 그러나 죄수의 신분으로, 3년이나 걸려, 큰 사고를 당한 후에 도착했다(행 27:1, 44, 28:16). 따라서 이 기도는 응답이 되었다. 그러나 전혀 예상치 못하게 되었다.

기도는 자동판매기 같은 것이 아니다. 내가 원하는 대로 되는 것이 아니다. 도리어 기도는 내 소원과 필요에 대한 하나님의 뜻을 묻고, 선하신 섭리를 구하며, 온전히 의탁하는 것이다. 예수님조차 그렇게 기도하셨다(눅 22:42). 하나님 뜻대로 되는 것이 진정한 구원이고, 선한 일이며, 하나님 나라가 이뤄지는 것이기 때문이다(마 6:10).

"내가 힘도 없고, 가진 것도 없고, 아무도 나를 도와주지 않을 때 하나님은 내게 오셔서 주님의 가진 것을 주신다. 모든 것이 주님 안에 있고, 영원한 하나님 사랑 가운데 있다." **바울 게하르트**

내가 바라고 소원하는 모든 것이 하나님의 뜻대로 이루어지기를 기도하자.

로마에서 아침을

> 나로 하나님의 뜻을 따라 기쁨으로 너희에게 나아가 너희와 함께
> 편히 쉬게 하라 (15:32)

복음을 전하는 것은 참 보람 있고 위대한 일이다. 그런
만큼 고생과 위험, 박해가 있음도 사실이다(마 5:10~12, 눅
10:3). 바울 역시 이방인의 사도로 부름받아 복음을 전하
며 온갖 고난과 박해를 당해야 했다. 지금 그에게는 쉼이
절실하다. 로마에 가서 쉼을 얻고자 한다. 그렇다면 '서로
쉼이 있는 교제'는 어떻게 이뤄지는 것일까?

하나, 복음을 아는 믿음이다. 복음을 알지 못하면 삶의
가치와 목적이 달라 친밀함을 느낄 수 없다. 복음의 은혜
가 있는 자에게서만이 서로 쉼을 누리게 된다(롬 5:1~2).

둘, 복음으로 인한 배려와 격려다. 인간적인 배려와 격
려는 오래 지속되기 어렵다. 십자가 부활을 믿음으로 말
미암는 성령으로 인한 미덕(美德)만이 서로에게 친밀함과
편안함을 더하여 준다(롬 12:10).

셋, 신앙을 세우며 동역하는 교제다. 우리는 동심(同心,

예수의 마음)으로, 동고(同苦, 예수의 고난)하며, 동역(同役, 예수의 사명)하는 사람들이다. 그래서 사심 없이 고마워하고 서로를 세우며 즐겨 힘을 보탠다(롬 15:2, 7).

넷, 기도하며 감사하는 마음이다. 우리의 교제는 성령 안에서 이루어지는 신령한 교제이기에, 기도와 감사로 서로의 이름을 부르며 교통할 때 쉼을 누리는 교제가 계속 이어진다(롬 1:9, 15:30).

> "같은 희망과 믿음, 같은 기쁨과 기대를 가지면 일치가 일어납니다. (중략) 공통의 믿음은 그들을 공동체로 이끌고 힘을 주고 격려합니다. 하나님을 위해 일어서면 언제나 일치되는 힘이 생깁니다. 하나님을 기대하며 사는 모든 사람들과 함께 모이기를 기도합니다." **요한 하인리히 아놀드**

쉼이 있는 복음의 교제를 나누는 친구가 있는지 살피고 그에게 감사를 전하자.

평강을 비는 기도

평강의 하나님께서 너희 모든 사람과 함께 계실지어다 아멘
(15:33)

로마서에는 세 번의 축도가 나온다(롬 15:13, 33, 16:20).
편지의 큰 단락을 마칠 때마다 사도가 로마교회를 축복하
며 써넣은 것이다. 이 축복의 기도에 빠지지 않고 등장하
는 말이 '평강'이다. 왜 사도는 평강을 비는가? 평강이란
무엇인가?

평강은 우리 삶의 가장 기초적인 덕목이다. 평강이 없
으면 실력, 소유, 명예, 성공 등 어떤 좋은 것을 가져도 소
용이 없다. 평강이 없으면 불안과 두려움으로 할 수 있는
일도 없고 되는 일도 없다.

평강은 은혜이다. 노력으로 얻을 수 없다. 하나님과
화평한 자만 누리는 평온이요 안녕이다(롬 5:1). 십자가 속
량을 믿고 의롭다 함을 얻은 자가 누리는 영적 평화다.

평강은 어떤 환경에서도 요동하지 않는 안정감이다(요
14:27). 평강은 믿음으로 커지고, 소망으로 굳세어진다(롬

8:18). 평강은 화평으로 나아가 화목케 한다. 평강의 시작은 예수 탄생이고, 평강의 절정은 십자가이고, 평강의 선포는 부활이고, 평강의 운행자는 성령이시다.

기독교의 모든 은사와 축복은 평강에서 시작된다. 평강의 주는 그리스도시다. 그래서 사도는 예루살렘, 로마, 이방 교회가 그리스도의 한 몸 된 교회로 세워질 것을 소망하며 '평강의 하나님'으로 축도했다.

"그리스도의 평강이 공동체를 지배할 때 우리는 진정한 형제애를 경험하게 된다. 이 평화는 갈등을 뛰어넘어 모든 것을 하나로 묶는 힘을 지니고 있다." **디트리히 본회퍼**

오늘 하루 어디서 무엇을 하든 평강의 사람으로, 화평케 하는 자로 살자.

별같이 빛나는 사람

내가 겐그레아 교회의 일꾼으로 있는 우리 자매 뵈뵈를 너희에게
추천하노니 **(16:1)**

"어머님, 나는 별 하나에 아름다운 말 한마디씩 불러 봅
니다./ 소학교 때 책상을 같이 했던 아이들의 이름과/
풍, 경, 옥 이런 이국 소녀들의 이름과/ 벌써 아기 어머
니 된 계집애들의 이름과/ 가난한 이웃 사람들의 이름
과" **윤동주**

인생이 아무리 어려워도 내 가슴에 떠오르는 한 사람
있다면, 불러 볼 이름이 있다면 아직 희망이 있다. 그 이
름, 그 사람이 캄캄한 내 인생의 별이 되어 준다. 그 사람
이 나를 비추는 별이다.

바울에게도 빛나는 별이 있었다. 그래서 로마로 보낼
편지 속에 복음도, 교회도, 사명도, 소원도 담았지만 그대
로 끝낼 수가 없었다. 가슴속에 반짝이는 이름들이 있었
기 때문이다. 그들의 면면이 떠올랐다. 그들이 그리웠다.

고마웠다. 달려가 만나고 싶었다.

　바울은 그 한 사람 한 사람을 마음에 담아 기도하며 서신의 마지막 장에 넣었다(롬 16:1~23, 총 36명). 그들 각자에 맞게 추천, 감사, 문안, 소개로 마무리한 것이다.

　이런 바울을 보며 문득 이런 생각이 들었다. 성공이란 과연 무엇인가? 무엇을 남기는 것이 성공인가? 바로 사람이다. 내 사람이 아닌 그리스도의 사람, 내 일꾼이 아닌 교회의 일꾼을 남기는 것이다(롬 15:16).

　나는 떠나도 그곳에 남아 주의 교회를 세우고, 하나님 나라를 이루는 일꾼을 남겨야 한다. 남는 것은 결국 사람이다. 목회도, 선교도 사람을 남기는 것이다. 사람이 교회와 하나님 나라를 세우기 때문이다(단 12:3).

　내 가슴에 떠오르는 사람들을 위해 기도하고, 사람을 세우는 일에 더욱 힘쓰자.

그런 친구 하나 있다면

> 내가 겐그레아 교회의 일꾼으로 있는 우리 자매 뵈뵈를 너희에게
> 추천하노니 너희는 주 안에서 성도들의 합당한 예절로 그를 영접
> 하고 무엇이든지 그에게 소용되는 바를 도와 줄지니 이는 그가
> 여러 사람과 나의 보호자가 되었음이라 (16:1~2)

사도는 로마교회에 뵈뵈를 추천한다. 뵈뵈, 그 이름의
뜻은 '빛을 발하다'이다. 그녀는 겐그레아에서 믿음의 빛
을 발하는 충실한 '일꾼'이었다(행 18:1~18). 그리스도 안에
서 살뜰하게 성도와 교회를 섬겼다. 그녀는 '우리 자매'였
다. 허물과 약함을 감싸고, 지혜롭게 보완해 주는 한 가족
이었다. 그녀는 '여러 사람과 나의 보호자'였다. 경제적 여
유가 있어 가난한 성도들의 필요를 말없이 챙겨 주었다.
그뿐 아니라 상대의 심정을 헤아려 언제든 내 편이 있음
을 느끼게 하는 사람, 그가 바로 뵈뵈였다.

사도가 그녀를 첫 번째로 소개하면서 합당한 예절로
영접하라는 것을 보면 그녀가 이 로마서를 로마교회에 전
달한 것으로 보인다.

하루는 라디오 인터뷰 프로그램에 한 젊은 인권 변호

사가 출연했다. 마무리 시간에 사회자가 앞으로 어떤 변호사가 되기를 원하는지 물었다. 그는 의외의 대답을 했다. "문제를 다 해결해 줄 수는 없겠지만, 적어도 이 변호사는 '진짜 내 편이구나'라는 생각이 드는 그런 변호사가 되고 싶습니다."

큰 감동이었다. 분명 우리는 서로의 문제를 다 해결해 줄 수 없다. 그러나 한 가지는 할 수 있다. 주 안에서 그의 편이 되어 주는 것이다(롬 12:15~17). 그런 친구 하나 있다면 그 인생이 얼마나 좋겠는가?

"오늘도 어제처럼/ 고개를 다 못 넘고 지쳐 있는데/ 달빛으로 다가와/ 등을 쓰다듬어 주는/ 벗 하나 있었으면/ 그와 함께라면 칠흑 속에서도/ 다시 먼 길 갈 수 있는/ 벗 하나 있었으면" **도종환**

나도 누군가에게 뵈뵈와 같은 좋은 친구가 되기를 기도하고 실천하자.

믿음의 동반자

너희는 그리스도 예수 안에서 나의 동역자들인 브리스가와 아굴라에게 문안하라 (16:3)

브리스가와 아굴라, 이들의 이름은 성경에 여섯 번 나온다. 늘 부부의 이름이 같이 나오는데, 그중 네 번이나 브리스가의 이름이 먼저 나온다. 당시 시대상으로 볼 때 아내 이름이 남편보다 앞선다는 것은 흔치 않다. 그녀의 특별한 믿음의 이력과 영향력 때문인 듯하다.

아굴라는 소아시아 본도 태생의 유대인으로, 장막 제조업자였다. 브리스가는 그 뜻이 '작은 노부인'으로, 로마 귀족 사회에서 흔히 불리던 이름이었다. 서로 신분이 다른 이들이 믿음만으로 부부의 연을 맺은 것이다.

브리스가는 어떤 기회에 복음을 듣고, 로마 귀족이라는 명예와 부를 포기하고 주를 따랐다(마 16:24). 믿음을 지키기 위하여 아굴라와 결혼했다. 아굴라는 부족한 자신을 신뢰하여 혼인한 브리스가가 한없이 사랑스럽고 고마웠다. 이로 인해 아굴라는 아내가 주의 뜻대로 사도를 잘 섬길 수 있도록 정성스럽게 외조했다. 서로를 신뢰하므로 함께 주의 일을 한 것이다. 주 안에서의 신뢰가 두 사람을 축복된 동반자로 이끌었다(고전 13:13). 영원한 동반자, 나의 동반자를 생각하며 이렇게 기도하고 축복한다.

"서로의 손을 잡고 걸어가는 길/ 그 길 위에 빛나는 은혜의 발자취./ 하나 된 마음, 하나 된 믿음으로/ 주님의 교회를 함께 세우는 부부./ 높임과 신뢰가 그들의 언어가 되고/ 사랑과 헌신이 그들의 기도가 되네./ 교회를 섬기고 영혼을 품으며/ 서로를 높이고 주님을 경외하는/ 그들의 삶은 향기로운 제사라./ 사도의 길을 함께 걷고/ 복음의 빛을 함께 나르는/ 축복된 믿음의 동반자./ 브리스가와 아굴라/ 믿음으로 하나 된 그들의 길/ 우리의 길이 되기를."

내게 주어진 축복된 믿음의 동반자를 위해 기도하고, 그 사랑을 표현하자.

나부터 드려라

그들은 내 목숨을 위하여 자기들의 목까지도 내놓았나니 나뿐 아
니라 이방인의 모든 교회도 그들에게 감사하느니라 (16:4)

벌써 오래된 일이다. 어느 교회의 집회를 인도했다. 마치고 교회를 나서는데, 그 교회 성도가 승용차로 데려다준다고 했다. 거절했지만 강권하기에 마다하지 못하고 동승했다. 그와 이런저런 대화 중에 감동적인 헌신의 이야기를 들었다. "전 우리 목사님의 목회 비전을 위해 목 바칠 준비가 되어 있어요." 충격이었다. 이 시대에도 주의 교회와 그 목회를 위하여 목 바치고자 하는 성도가 있다는 사실이 놀라웠다.

다음 날 새벽 교회에 나가 하나님께 '나에게도 목 바치는 성도를 달라'고 기도했다. 얼마 후 하나님은 나에게 이렇게 응답하셨다. "사랑하는 아들아, 남의 목 바치라고 하지 말고, 네 목부터 바쳐라."

사도는 그리스도의 복음을 위하여 자신의 생명을 기꺼이 바쳤다(행 20:24, 빌 2:17). 그러자 하나님께서 그에게

생명조차 아끼지 않는 복음의 일꾼을 붙여 주셨다. 브리스가와 아굴라가 그런 이들이다. 그들은 사도의 선교 비전을 위해 기꺼이 인생을 바쳤다. 고린도에서 바울을 처음 만난 그들은 사도와 함께 일하며 성경을 배우고, 교회 세우는 일에도 참여했다(행 18:1~4). 그뿐만 아니라 사도가 가는 곳에 함께했고(행 18:18), 자신의 집을 교회로 세웠으며(롬 16:5, 고전 6:19), 사도가 위험할 땐 일사(一死) 각오로 지켜 주었다(행 19:23~41).

기독교 역사는 헌신의 역사다. 복음과 주의 교회를 위해 헌신한 이들의 역사다. 이 헌신자들은 그냥 일어나지 않는다. 한 사람이 자신을 온전히 드릴 때, 하나님께서 그에게 동역자를 붙여 주신다. 그와 함께 하나님 나라를 세우게 하신다. 죽음도 불사하는 믿음의 동역자들을 계속 붙이셔서 주님의 놀라운 일들을 이루어 가신다.

나에게 믿음의 동역자가 있는지 돌아보고, 하나님께 나부터 온전히 드리자.

의리를 지키는 일꾼

그들은 내 목숨을 위하여 자기들의 목까지도 내놓았나니 나뿐 아니라 이방인의 모든 교회도 그들에게 감사하느니라 **(16:4)**

"예수 믿고 구원받고 영생 복락 누린 것은 차치하고서도 나같이 예수 덕에 밥벌이 하고, 예수 덕에 대접받고 사는 치들은 인간적인 차원에서라도 배은망덕해서는 안 된다. 이것은 신앙을 떠나 의리의 문제가 아닌가." 박홍

아굴라, 그는 거듭난 믿음의 사람이다. 한편 그는 의리의 사나이다. 아무것도 없는 못난 자신을 신뢰하여 혼인해 준 그의 아내 브리스가에게 일생을 두고 의리를 지킨다. 언제나 자신보다 아내를 앞세우고 높인다.

그뿐 아니라 복음을 가르쳐 주고, 복음의 일꾼으로 삼아 준 사도에게도 평생 의리를 지킨다. 어디든 함께 가고 앞서가서 사도를 위해 준비하고, 사도를 높인다. 사도가 위험에 처하면 목이라도 내놓아 보호하고 지킨다. 그런데 오늘 이 시대 교회에서는 이런 의리를 찾아보기 쉽지 않

다. 통탄할 일이다. 이 의리는 어디서 오는가? 이는 믿음을 통해 주어지는 '성령의 열매'다(갈 5:22~23).

아굴라 부부는 고린도에서 '아볼로'라는 젊은이의 설교를 듣게 된다. 그들은 단번에 그의 설교에 복음이 없음을 알게 된다. 그러나 그를 무시하거나 비판하지 않았다. 그를 조용히 집에 초대하여 교제한 후에 복음의 도를 정확하게 가르쳐 주었다(행 18:26). 성령의 역사로 아볼로는 복음을 깨닫게 되었고, 초대 교회의 위대한 지도자로 세워진다(고전 3:6).

아굴라 부부의 자비와 온유, 절제가 참 귀하다. 이 또한 성령의 열매다. 의리 역시 인내와 양선과 절제인 성령의 열매다. 크리스천으로 산다는 것은 세상이 알지 못하는 아름다운 미덕을 널리 나타내는 것이다(벧전 2:9). 어떤 경우에도 배은망덕해서는 안 된다.

성령의 열매 중 무엇이 부족한지 살펴보고, 아름다운 미덕의 일꾼이 되기를 기도하자.

가정 교회

또 저의 집에 있는 교회에도 문안하라 내가 사랑하는 에배네도
에게 문안하라 그는 아시아에서 그리스도께 처음 맺은 열매니라
(16:5)

　종종 교회가 멀어서 못 다니겠다는 사람이 있다. 그러
면 나는 웃으며 그 말을 수정해 준다. "교회가 먼 것이 아
니고, 집이 먼 거예요. 집은 멀어도, 교회는 내 맘 가장 가
까이 있어야 해요." 그래서 이사할 때 기준을 어디에 둘
것인가가 중요하다. 크리스천이라면 먼저 신앙생활을 하
기 좋은 곳, 교회 가까이 이사하는 것을 고려해야 한다.

　아굴라 부부에게 있어 이사의 우선순위는 선교였다.
사도가 어디서 복음을 전할 것인지에 따라 이사하며 살았
다. 또한 자신의 집을 교회로 제공했다. 초대 교회는 대부
분 가정에서 출발했다(행 12:12, 16:40). 곧 '가정 교회'다. 물
론 집을 교회로 제공하는 것은 쉬운 일이 아니다. 그러나
이처럼 영광스러운 일이 없는 것도 사실이다. 가정 교회
가 되기 위해서는 두 가지 믿음이 있어야 한다.

　하나, 내 집을 주님께 드리는 믿음이다. 교회와 주님을

위해서라면 무엇이든 아까운 것이 없어야 한다. 다 주의 것이고 주께 받은 것이기에, 내 집이 쓰이는 것을 기쁨이요 영광으로 여겨야 가정 교회로 드릴 수 있다.

둘, 손님을 환대하는 믿음이다. 가정 교회를 이루려면 섬김과 위로와 구제와 부지런함의 은사가 필요하다(롬 12:7~8). 이 같은 환대에 예기치 못한 영광스러운 축복도 따른다(창 18:1~15, 히 13:2).

오늘날 교회는 이 가정 교회의 모습을 이루기 위해 구역, 목장, 교구 등 다양한 소그룹 활동을 한다. 그 안에서 친밀한 교제를 나누며 주의 몸 된 교회를 이루어 간다.

"교회는 사람이 모이는 것이 아니라, 관계를 맺는 것이다. 소그룹 안에서만 사람들은 진정으로 서로 알게 되고, 그리스도 안에서 성장할 수 있다." **빌 하이벨스**

집에 교회의 소그룹 지체들을 초청하고, 함께 예배하고 교제하며 환대를 연습하자.

교회의 첫 열매

> 또 저의 집에 있는 교회에도 문안하라 내가 사랑하는 에배네도
> 에게 문안하라 그는 아시아에서 그리스도께 처음 맺은 열매니라
> (16:5)

첫 열매는 놀랍다. 반갑다. 즐겁다. 감사하다. 사랑스
럽다. 첫 열매로 한 해 농사의 성패를 가름한다. 첫 열매
가 좋으면 나머지도 좋다. 좋은 열매가 줄줄이 나온다. 기
쁨이 넘친다.

성경은 예수님이 부활의 첫 열매가 되셨다고 말씀한
다(고전 15:20). 재림의 날에 부활의 첫 열매인 예수님을 따
라 주 안에서 죽은 자들이 먼저 일어날 것이다. 그다음 살
아 있는 믿는 자들이 부활체로 변화될 것이다. 그 풍성한
열매로 하늘에서 기쁨이 넘칠 것이다(살전 4:16~17).

이처럼 첫 열매가 중요하다. 바울은 이방인 사도로서
첫 열매다. 그로 인해 복음이 편만하게 전해져 숱한 이방
인이 주께 돌아왔다. 브리스가와 아굴라, 그들은 고린도
의 첫 열매다. 그들로 인해 고린도, 에베소, 로마에 하나
님 나라가 크게 확장되었다.

'에배네도' 그는 아시아에서 처음 맺은 열매다. 사도가 에베소를 중심으로 전도할 때 얻은 최초의 이방인 회심자다. 그 후 그는 아굴라 부부의 가정 교회에 속했을 것이고, 로마까지 함께 갔다. 사도가 그를 "처음 맺은 열매"라고 한 것은 앞으로 많은 열매가 맺어질 것을 소망했기 때문이다(고전 16:15). 첫 열매를 통해 많은 열매가 따라오는 믿음의 역사를 기대한 것이다.

> "첫 열매의 회심은 단지 한 개인의 변화가 아니다. 하나님의 계획이 그 지역과 민족 속에서 시작되는 중요한 사건이다. 첫 열매는 선교 사역에서 열매를 맺게 할 미래의 수확을 보증하는 상징적 역할을 한다." 존 파이퍼

어디서든 첫 열매를 기대하며, 복음의 씨앗을 힘써 뿌리고 믿음으로 가꾸자.

11 마리아의 섬김

너희를 위하여 많이 수고한 마리아에게 문안하라 (16:6)

신약에는 '마리아'라는 이름을 가진 일곱 여인이 나온다. 예수의 어머니, 막달라인, 마르다의 동생, 야고보의 어머니, 글로바의 아내, 마가 요한의 어머니, 그리고 이곳의 마리아다. 이 이름의 뜻은 '높여진 자'이다. 그래서인지 신약에 등장하는 마리아들은 한결같이 그 믿음과 삶이 훌륭하다. 그들은 '많이 수고'했다. ① 믿음의 수고(눅 1:38) ② 감사의 수고(눅 8:2) ③ 복종의 수고(눅 10:39) ④ 헌신의 수고(요 12:3) ⑤ 기쁨의 수고(마 28:1) ⑥ 미덕의 수고(막 15:40) ⑦ 사명의 수고(행 12:12)로 주님과 교회를 위해 애썼다. 그 수고와 헌신을 찬양 시로 적어 본다.

"① 믿음으로 시작된 섬김의 길/ 한 여인 순종의 고백 속에 씨앗을 심네./ 주의 여종이오니, 뜻대로 하소서./ 예수의 어머니 마리아, 믿음의 길을 내리라. ② 구원의 은혜, 눈물로 물든 마음/ 막달라 마리아, 일곱 귀신에게 해방되어/ 감사의 손길로 예수를 따르네./ 그 은혜 감사하며 사랑의 길을 걷는다. ③ 발아래 앉아 듣는 주의 음성/ 마르다의 동생 마리아, 그 말씀에 복종하네./ 삶 속에서도 오직 주의 뜻만을/ 복종의 섬김 속에 주의 뜻 이뤄지네. ④ 값비싼 향유, 전부를 드린 사랑/ 마리아의 손길이 닿은 곳, 헌신이 가득하네./ 모든 것을 내어 드리고 싶은 마음/ 그 사랑 향기로 온 세상에 퍼진다. ⑤ 부활의 새벽, 기쁨의 발걸음/ 마리아, 주의 부활을 처음 본 눈/ 더 나누고 싶은 기쁨 속에/ 영원한 섬김이 그 손에 맺히네. ⑥ 십자가 아래서 바라보는 눈물/ 야고보의 어머니 마리아/ 그 사랑과 충성이 주의 성품을 닮아/ 미덕의 섬김으로 예수를 따르네. ⑦ 집을 드려 은혜를 받은 여인/ 마가의 어머니 마리아, 교회를 품은 집/ 사명의 섬김으로 주의 뜻 이루고/ 부르심 따라 쓰임받는 그릇 되리라."

마리아의 수고를 묵상하고, 내가 주님을 위해 해야 할 수고는 무엇인지 찾아보자.

하나님과의 가까움

내 친척이요 나와 함께 갇혔던 안드로니고와 유니아에게 문안하라 그들은 사도들에게 존중히 여겨지고 또한 나보다 먼저 그리스도 안에 있는 자라 (16:7)

"우리가 중심에 계시는 하나님을 바라볼수록 우리는 서로에 대해 가깝게 된다. 다른 말로 우리의 사랑은 하나님의 사랑을 반영하는 것이다." **제롬**

죄인인 인간은 서로 순전한 사랑을 할 수 없다. 그러나 하나님을 사랑하면 서로에 대해서도 사랑하게 된다. 하나님께 가까이 갈수록 서로에 대해서도 가까워지는 것이다. 복음 안에서 서로 가까워지는 사랑은 반드시 예의와 존중으로 나타난다. 이것은 사도가 자신의 동역자 안드로니고와 유니아를 소개하는 태도에서도 발견할 수 있다.

첫째로 그들은 '친척이요 함께 갇혔던 자'다. 이는 바울의 사적 인정이다. 여기서 친척은 골육 같은 사이라는 것이다(롬 9:3). 그뿐만 아니라 그들이 복음을 위해 죽음도 불사하는 자신과 같은 복음의 일꾼임을 인정한 것이다.

둘째로 그들은 '사도들에게 존중받는 자'다. 이는 교회의 공적 존경이다. 여기서 사도는 예수의 열두 제자뿐 아니라, 선교를 감당하는 교회의 여러 지도자들을 말한다. 두 사람의 믿음과 섬김이 탁월하여 당시 지도자들에게 널리 인정받고 있음을 전하고 존경을 표한 것이다.

셋째로 그들은 '나보다 먼저 믿은 자'다. 이는 영적 권위에 대한 존중이다. 그들은 사도보다 먼저 회심하여 주의 교회를 위하여 많은 수고를 한 믿음의 선배다. 그들의 신앙, 사역, 인격 등 영적 권위를 존중한 것이다.

이런 인정, 존경, 존중은 '사랑'에서 나온다. 사랑은 그리스도의 마음에서 흐른다. 우리가 하나님께 가까이 갈수록 그리스도의 마음이 되어 서로 더 사랑하며 자신을 낮추고 상대를 귀히 여기게 된다(빌 2:3~5). 곧 서로의 가까움은 하나님과의 가까움을 반영한다.

이웃과 형제에게 더욱 가까이 갈 수 있도록, 하나님께 더욱 가까이 나아가자.

13 기독교의 우정

또 주 안에서 내 사랑하는 암블리아에게 문안하라 그리스도 안에서 우리의 동역자인 우르바노와 나의 사랑하는 스다구에게 문안하라 (16:8~9)

기독교의 우정은 단순히 사람과 사람 사이에 이루어지는 것이 아니다. 그들 사이에 주님께서 함께하신다. 그들은 주님과 함께 주님을 통하여 서로 사랑한다. 사도는 암블리아와 스다구를 '내 사랑하는 자'로, 우르바노를 '우리의 동역자'로 소개한다. 이들은 주 안에서 우정을 나눈 친구다. 주 안의 우정은 어떤 것인가?

첫째, 한 믿음을 가진 우정이다. 그들은 예수를 주로 고백하는 한 믿음을 가졌다. 교회에서 함께 예배하며 성도의 교제를 나눈다. 성령을 믿으며 서로의 영적 성장을 도모한다. 장성한 분량에 이르기까지 서로를 위해 끊임없이 기도하는 동반자의 우정이다(엡 4:13).

둘째, 한 목적을 가진 우정이다. 그들은 주의 나라와 뜻을 이루고자 하는 한 목적을 품었다. 그것은 복음 전도, 영혼 구원, 교회 세움, 민족 복음화, 세계 선교, 사회 봉사와 구제로 구체화된다. 이 거룩한 목적을 이루고자 하는 사명자의 우정이다(롬 15:25~27).

셋째, 한 섬김을 가진 우정이다. 그들은 주께서 보여 주신 모범을 따라 서로 섬기며 동역한다. 나는 죽고 내 안에 계시는 그리스도와 함께 수고하고 고생한다. 서로를 존중하고 붙들어 주며, 오직 그리스도께만 영광 돌리는 동역자의 우정이다(롬 14:8).

> "우정은 두 사람 이상이 공통된 진리, 혹은 그 이상에 대한 사랑을 나누는 관계이다. (중략) 그리스도 안에서의 우정은 더 나아가, 하나님의 사랑 안에서 함께 성장하고 서로를 위한 영적 동반자가 된다. 이는 단순한 취향이나 취미에 대한 공유를 넘어, 신앙과 사명의 본질적인 부분을 공유하는 것이다." C. S. 루이스

주 안에서 우정을 나누는 친구가 있는지 돌아보고 나도 좋은 친구가 되어 보자.

주 안에서 인정받는 자

그리스도 안에서 인정함을 받은 아벨레에게 문안하라 아리스도 불로의 권속에게 문안하라 (16:10)

"남강은 과연 조선에서 등촉(燈燭)이었다. 나는 이때껏 저만큼 광휘 있게, 저만큼 뜨겁게, 저만큼 기운차게, 저만큼 산 이를 보지 못하였다."

교육자이자 독립운동가였던 남강 이승훈에 대한 그의 제자 함석헌의 평가다. 대체 어떻게 살았기에 오랜 세월 함께했던 제자에게 저런 인정을 받는 것일까? 감사하다. 이런 스승이 이 땅에 있었다니. 또 부럽다. 나는 언제 저만큼 광휘 있게, 저만큼 뜨겁게 살 것인가. 그리고 부끄럽다. 아직도 등촉이 되지 못하는 나의 연약함이.

사도는 아벨레가 "그리스도 안에서 인정함을 받은" 사람이라고 소개한다. 이것은 그가 극심한 시련을 통해 신앙의 연단을 받았음을 의미한다. 어떤 시련과 고난인지 모르지만, 그는 큰 환난을 이겨 내어 믿음을 인정받은 것이다. 여기서 중요한 것은 '그리스도 안에서' 인정받았다는 것이다. 사람은 어쩌다 속일 수 있다. 그러나 하나님은 절대 속지 않으신다(행 5:4, 롬 8:27, 갈 6:7).

그렇다면 우리는 어떻게 그리스도 안에서 인정받을 수 있는가? 무엇보다 복음을 알고, 복음을 누리고, 복음으로 살아야 한다. 복음을 안다는 것은 예수가 그리스도이시고, 구원이심을 믿고 고백하며 확신하는 것이다(롬 1:16, 10:9~10). 복음을 누린다는 것은 십자가에 나는 죽고 내 안에 그리스도 사심을 믿으며, 임마누엘 구원을 실제로 경험하는 것이다(롬 6:11, 8:37). 복음으로 산다는 것은 어디서든 예배자로, 전도자로, 섬기는 자로 먼저 주의 나라와 뜻을 구하며 사는 것이다(마 6:33, 롬 12:1~2).

이처럼 복음을 알고 복음을 누리며 복음으로 살 때 그리스도 안에서 인정받는 광휘로운 자가 될 것이다.

그리스도 안에서 인정받기를 기도하며 복음을 알고 복음을 누리고 복음으로 살아가자.

사람이 살아나고 있는가

그리스도 안에서 인정함을 받은 아벨레에게 문안하라 아리스도
불로의 권속에게 문안하라 내 친척 헤로디온에게 문안하라 나깃
수의 가족 중 주 안에 있는 자들에게 문안하라 (16:10~11)

정원사가 정원을 가꾸고 꽃을 피우듯, 농부가 씨를 뿌
리고 곡식을 거두듯, 그리스도인은 영혼을 돌보고 사람
을 살려 내야 한다. 그가 구원을 얻고 믿음이 성장하도록
최선을 다해 섬겨야 하는 것이다. "사람이 살아나고 있는
가?" 이것이 성도가 언제나 가져야 할 질문이다.

'아리스도불로'는 헤롯 왕의 손자다. 권속이란 그의 가
족이거나 노예일 수 있다. 어느 모로 보나 교회 내에서 인
정받기 힘든 출신이다. 그런데 사도는 그들을 호명하여
문안한다. 이것 자체가 큰 위로요 격려요 존중이다. 그들
을 주 안에서 형제로 받은 것이다.

'헤로디온'은 바울과 친밀한 관계에 있는 유대인 동역
자다. 사도는 동족 유대인의 구원을 포기하지 않았다. 그
들이 언젠가 주께 돌아올 것을 확신했다. 그리하여 그가
주 안에서 형제 된 것에 고마워하며 격려하고, 각별한 애

정을 보인 것이다(롬 11:1~6, 16:7).

'나깃수'는 황제 밑에서 권력을 휘두르며 악을 행하던 자다. 그가 죽은 후 그의 가족 혹은 노예들은 황제 소유의 노예가 되었는데, 다른 노예들과 구별되어 '나깃수 일당'이라 불렸다. 그런 가문에 복음이 들어가서 믿고 구원을 얻었다. 사도는 그런 이들을 '주 안에 있는 자'라고 부르며 다른 형제들과 동등하게 인정하고 격려한 것이다.

> "한 가슴에 난 상처를 치료해 줄 수 있다면/ 난 헛되이 산 것이 아니리라./ 한 인생의 아픔을 달래 줄 수 있다면/ 한 고통을 위로할 수 있다면/ 기운을 잃은 개똥지빠귀 한 마리를/ 둥지에 데려다줄 수 있다면/ 난 헛되이 산 것이 아니리라." 에밀리 디킨슨

나로 인해 사람이 살아나고 있는지 성찰하고, 누구를 어떻게 살려 낼지 기도하자.

주 안의 수고

주 안에서 수고한 드루배나와 드루보사에게 문안하라 주 안에서
많이 수고하고 사랑하는 버시에게 문안하라 (16:12)

크리스천은 주 안에서 살아간다. 주 안에 있어야 생명,
능력, 소망, 구원, 기쁨 등 하늘에 속한 모든 신령한 복을
받고 누릴 수 있다. 이것은 수고도 마찬가지다. 주 안에서
수고해야 열매를 보고 하나님께 인정받을 수 있다.

사도는 세 여인 드루배나, 드루보사, 버시가 주 안에서
수고했다고 칭찬한다. '두루배나'와 '드루보사'는 그 이름
의 뜻(화사하다, 우아하다)으로 볼 때 자매간이고, 귀족 집안
출신이다. 이들은 풍요로운 삶에 안주하지 않고, 주의 교
회를 위해 많이 수고했다. '버시'는 이름으로 볼 때 페르시
아 출신으로, 자유를 얻은 여종이다. 사도가 그를 "사랑하
는 버시"라고 부른 것은 주 안에서 많은 수고를 하여 교회
가 사랑하는 자로 인정했기 때문이다.

그들처럼 우리의 수고 역시 주 안에서 이루어져야 한
다. 주 안의 수고와 사람의 수고는 무엇이 다른가? 주 안

의 수고는 하나님 뜻을 구하고, 사람의 수고는 내 뜻대로 한다(마 16:23). 주 안의 수고는 주의 은혜와 성령으로 하고, 사람의 수고는 내 열심과 능력으로 한다(고전 15:10). 주 안의 수고는 주의 성품이 나타나고, 사람의 수고는 인간 죄성이 나타난다(갈 5:19~23). 주 안의 수고는 주께 받은 사명을 위하고, 사람의 수고는 자기 성공과 의를 위한다(행 20:24). 주 안의 수고는 하나님께 영광을 돌리고, 사람의 수고는 나를 높인다(벧전 4:11).

> "그리스도 바깥에는 생명이 없다. 오직 그리스도 안에서 우리는 아버지께 나아가며, 오직 그리스도 안에서 아들과 딸이고, 오직 그리스도 안에서 그 나라를 물려받으며, 오직 그리스도 안에서 하나님의 생명으로 살아간다." 브레넌 매닝

내 봉사와 섬김이 사람의 수고는 아닌지 돌아보고 주 안의 수고를 하기로 결단하자.

믿음의 어머니

주 안에서 택하심을 입은 루포와 그의 어머니에게 문안하라 그의
어머니는 곧 내 어머니니라 (16:13)

"서른 편쯤 쓰고 나서야 깨달았다. 나를 낳으신 어머니
가 수천수만임을. 아주 옛날에도 나를 낳으셨고 지금도
출산 중임을. 앞으로도 나는 계속 태어날 것임을." **이정록**

세상에서 가장 아름다운 말, 언제나 부르고 싶은 한 단
어가 있다면 '어머니' 아닐까? 나는 어머니를 생각할 적마
다 가슴이 저린다. 그 사랑과 은혜에 감격하며 감사한다.
누구에게나 어머니는 돌아가야 할 항구요, 안기고 싶은
품이다. 괴로울 때의 위로요, 위험에서 피할 피난처다. 어
머니가 없다면 나도 없다. 나의 나 됨은 어머니 덕분이다.

바울은 한 어머니를 소개한다. 이 어머니는 무명(無名)
이다. 누구의 아내요, 누구의 어머니로만 등장한다. 이를
보며 생각한다. 이름 없는 봉사와 섬김은 더 아름답고 향
기롭지 않던가(막 14:9).

그녀는 구레네 시몬의 아내다. 마가복음에서 예수님 대신 십자가를 억지로 지고 간 시몬을 소개하면서 "루포의 아버지"(막 15:21)라고 했으니 그의 아내임이 분명하다.

또한 그녀는 루포의 어머니다. 시몬에게서 시작된 주의 택하심은 아들 루포에게로 이어졌다. 그는 어머니의 성숙한 신앙과 지혜로 양육받았을 것이다(딤후 1:5). 그리하여 힘써 교회를 섬겼을 것이다.

동시에 그녀는 바울의 어머니가 되기도 했다. 바울은 '상처 입은 치유자'였다. 그는 아프고 외롭고 힘들어도 먼저 성도부터 돌봐야 했다. 정작 자신은 쉴 곳도 치유받을 곳도 마땅찮은데 말이다(마 8:20). 그런 바울에게 루포의 어머니가 푸근한 엄마의 품이 되어 주었다. 이에 그는 그 은혜를 생각하며 고마움과 존경의 마음을 표현한 것이다.

나의 영적 어머니는 누구인지 생각하여 그분에게 감사와 사랑을 표현해 보자.

공교회인 우리

아순그리도와 블레곤과 허메와 바드로바와 허마와 및 그들과 함
께 있는 형제들에게 문안하라 빌롤로고와 율리아와 또 네레오와
그의 자매와 올름바와 그들과 함께 있는 모든 성도에게 문안하라
(16:14~15)

그리스도의 교회는 '하나'다. 몸이 하나이듯 교회도 하
나로만 존재할 뿐이다. 세상에는 수많은 교회가 있다. 그
러나 그리스도 안에 있는 교회는 이미 하나 된 교회다.

우리의 믿음도 하나다. 주도 한 분이시다. 성령도 한
분이시다. 하나님 아버지도 한 분이시다. 복음도 하나다.
성경도 하나다. 세례도 하나다. 성찬도 하나다. 부르심도
하나다. 우리는 그리스도 안에서 성령을 통하여 한 교회
에 속한 것이다. 이것이 '공교회성'이다(엡 4:1~6).

이 교회에는 '교회 안의 작은 교회'가 있다. 주어진 사
명과 사역의 필요에 의해 뭉친 유기적 소그룹이다. 사도
는 그 소그룹의 리더들에게 문안한다. '아순그리도와 블
레곤과 허메와 바드로바와 허마'는 이름으로 보아 노예
출신일 가능성이 높다. '그들과 함께 있는 형제들'은 로마

교회 내의 가정 교회를 뜻한다.

'빌롤로고와 율리아'는 황제 가문의 노예로서, 이 둘은 부부로 보인다. '네레오와 그의 자매'는 빌롤로고 부부의 자녀일 가능성이 있다. '올름바'는 그와 가까운 친족인 듯하다. 사도가 "그들과 함께 있는 모든 성도에게 문안하라"라고 했으니 적지 않은 규모였을 것이다.

바울은 그들 하나하나를 호명하며 안부를 전하는 한편, 그들 모두가 한 그리스도께 속해 있는 한 교회라는 사실을 웅변하고 있다. 그들의 출신, 상황은 다 다를지라도 모두 주 안에서 하나 된 교회인 것이다.

"하나님께서는 우리 모두의 아버지십니다. (중략) 일치와 사랑, 다정함과 관대함과 친절함이 당신의 아들딸 사이에 깃들길 바라십니다." **샤를 드 푸코**

공교회성의 회복을 위해 내가 해야 할 일이 무엇인지 생각하고 그대로 실천하자.

눈을 감으면 별이 보인다

너희가 거룩하게 입맞춤으로 서로 문안하라 그리스도의 모든 교
회가 다 너희에게 문안하느니라 (16:16)

"별을 보는 데는 시간이 필요하다. (중략) 얼마간의 기다
림이 필요하다. 눈을 뜨고 별을 찾기 전에 눈을 감아야
한다. 별이 한두 개밖에 보이지 않더라도, 가만히 기다
리며 별빛에 집중하면 어느 순간 주변의 별들이 서서히
보이기 시작한다." 조승현

로마서 16장은 그냥 보면 아무것도 보이지 않는다. 그
저 이름의 나열일 뿐이다. 그땐 눈을 감아야 한다. 바울의
심정을 느껴야 한다. 성령의 도우심을 구해야 한다. 한 절
한 절 그 이름들을 묵상하면 희미하게나마 뭔가 보인다.
그것에 집중하며 그와 연관된 성경의 다른 구절을 찾아가
다 보면 어느 순간 숨겨진 별들이 보이기 시작한다.

이 장에서 사도는 36명의 형제자매에게 일일이 인사
한다. 어떤 인사인가? 하나, '거룩한 문안'이다. 이는 주의

이름으로 먼저 기도부터 하는 안부다(롬 1:9). 둘, '입맞춤으로 하는 문안'이다. 이는 그리스도의 마음으로 위로하고 격려하며 축복하는 안부다(롬 15:13). 셋, '교회와 함께하는 문안'이다. 이는 한 가족으로 연합하여 함께 주의 나라와 뜻을 세워 가기를 소망하는 안부다(롬 15:6~7).

눈을 감으면 내게도 주 안에서 안부를 전해야 할 얼굴들이 떠오른다. 그들을 생각하며 기도를 드려 본다.

"한뜻, 한마음으로/ 우린 그리스도의 입맞춤을 나눈다./ 주의 나라가 우리 안에 서고/ 그 뜻이 우리 안에 가득 찰 때/ 교회는 하나 되어 빛을 발하며/ 그 길을 우린 함께 걸어가네./ 입술 위에 맺힌 축복의 인사/ 기도 속에 흐르는 성령의 숨결/ 이 모든 것이 주 안에서 이뤄지기를/ 하나 된 마음으로/ 우린 주의 뜻을 이뤄 가리라."

눈을 감으면 떠오르는 별 같은 형제자매를 위해 기도하고, 다양한 방법으로 문안하자.

이단 사이비에 관하여

형제들아 내가 너희를 권하노니 너희가 배운 교훈을 거슬러 분쟁을 일으키거나 거치게 하는 자들을 살피고 그들에게서 떠나라 (16:17)

"사이비 종교의 교리는 마약중독이나 공산주의보다 더 위험하다. (중략) 사이비 종교에 빠진 아내로 인해 가정이 파탄 났고, 난 모든 것을 잃었다." **한 사이비 피해자**

명품에 반드시 짝퉁이 있는 것처럼, 진리에도 가짜가 있다. 기독교에도 가짜가 있다. 곧 '다른 복음'이다(갈 1:8). 이를 사이비(似而非) 또는 이단(異端)이라고 한다. 사이비와 이단은 종종 동의어로도 쓰인다. 이단은 기독교처럼 보이지만 실제로는 하나님을 대적하는 교회의 원수다. 영적으로는 사탄에게 잡혀 있는 반사회 종교 집단이다. 사이비는 이단으로 분류되기 전의, 이단 의심 상태를 말한다. 사이비는 경계해야 하고, 이단은 엄히 배격해야 한다. 이들이 세상을 파괴하는 독을 퍼뜨리기 때문이다.

지금까지의 다정한 문안 인사와 달리, 사도는 엄한 경

고의 말을 한다. 당시에도 복음을 위협하는 자가 있었기 때문이다. 자애로운 엄마가 위험에 처한 아이를 보는 순간 엄하고 강한 엄마로 돌변하는 것과 같다. 이단, 사이비에 우리는 어떻게 대처해야 하는가?

먼저 성경에 근거하여 살피는 것이다. 그들은 처음에는 기독교 같으나 점차 세 가지 악한 모습을 드러낸다. ① 복음을 거스른다. 성경과 다른 하나님, 구원을 가르친다. ② 분쟁을 일으킨다. 성도의 분열을 조장하여 연합을 깨뜨린다. ③ 균형 잡힌 구원을 거치게 한다. 종교적 올무에 빠뜨려 맹신하게 한다. 이 중 하나라도 드러나거든 즉시 떠나야 한다. 그들은 대화의 상대가 아니다. 이미 사탄의 세력으로, 하나님을 대적하는 자이기 때문이다(엡 2:2, 살후 2:4). 즉시 돌아서야 한다. 그러지 않으면 독이 퍼져 치명상을 입게 된다(딤후 2:17~18).

교회와 주변에 이단 사이비가 없는지 경계하고, 더욱 순전한 복음을 사모하자.

순진한 자의 미혹

이같은 자들은 우리 주 그리스도를 섬기지 아니하고 다만 자기들
의 배만 섬기나니 교활한 말과 아첨하는 말로 순진한 자들의 마
음을 미혹하느니라 (16:18)

이단과 사이비는 어둠의 거짓 영에 사로잡힌 이들이
기에 본질적으로 그들과 함께하는 것은 불가하다. 어떤
경우에도 그들과 함께해서는 안 된다. 그들은 섬김과 배
려의 대상이 아닌가? 그들을 경계하고 떠나야 하는 이유
는 무엇인가?

첫째, 그들은 자신의 탐욕을 채우는 자이다. 그들은
복음을 구실 삼아 자신의 사리사욕을 채우고자 한다. 그
들의 삶의 양태는 탐욕적이고 정욕적이며 마귀적이다(빌
3:19, 약 3:15~16).

둘째, 그들은 속이는 데 능한 자이다. "교활한 말과 아
첨하는 말"로 사람들을 미혹하는 일에 거리낌이 없다. 그
들은 거짓의 영, 미혹의 영에 사로잡혀 있고 남도 그렇게
만든다(요 8:44, 요이 1:7).

셋째, 그들은 순진한 자를 넘어뜨리는 자이다. 순진은

분별력이 없는 무지를 말한다. 순진하면 쉽게 미혹당하여 파멸에 이를 수 있다. 우리는 순진해서는 안 된다. 순전하고 지혜로워야 미혹당하지 않는다(마 10:16). 무엇보다 성령을 의지하고 복음 말씀을 든든히 붙잡아야 한다. 그것이 우리를 지키는 유일한 길이다.

"믿음으로 견고하고 확실한 말씀을 붙잡아라! 말씀이 어떤 어두움 속에서도 너를 빛으로 인도할 것이다." **미하엘 뮐러**

성령을 의지하고 복음 말씀을 붙들어 순전하고 지혜로운 자가 되도록 기도하자.

22

12

믿어 주어야 믿음이 생긴다

너희의 순종함이 모든 사람에게 들리는지라 그러므로 내가 너희로 말미암아 기뻐하노니 너희가 선한 데 지혜롭고 악한 데 미련하기를 원하노라 (15:19)

청년 시절 나는 가난했다. 병약했다. 학업도 신통치 않았다. 이런저런 실패를 종종 경험했다. 그때마다 아버지께서 내게 말하셨다. "아들아, 괜찮다! 전화위복이 될 거다. 네 이름대로 넌 '해마다(年, 석) 크는(奭, 년)' 대기만성형 인생이다. 다시 시작하면 돼!" 그렇게 늘 나를 믿어 주셨다. 세월이 지나고 보니 그 믿음이 내 믿음이 되어 삶을 이끌었다. 그 믿음이 성경 말씀과 합해져 인생 요절이 되었고(엡 4:13), 오늘도 푯대를 향해 나를 달리게 한다.

사도는 이단의 위험과 미혹에 대해 교훈하고, 그들에게서 떠나라고 엄중히 경고했다. 그 후 다시 온화한 언어로 "너희의 순종함이 모든 사람에게 들리는지라"라고 칭찬하며 기뻐한다. 그들이 받은 바 교훈대로 복음에 순종하고 있음을 신뢰하고 믿어 준 것이다.

믿어 주어야 그도 믿음이 생긴다. 믿어 주어야 그 믿음이 자신감과 소망이 되어 더 큰 믿음의 역사로 나아가게 한다. 믿어 주어야 신뢰가 쌓여 산 교육이 되고, 한마음 한뜻을 품어 주의 교회를 세워 가게 된다. 이 같은 믿음으로 사도는 권면과 함께 축복한다.

"내가 너희로 말미암아 기뻐하노니 너희가 선한 데 지혜롭고 악한 데 미련하기를 원하노라"

믿음으로 말미암아 내 안에 그리스도가 계시면 순결한 양심이 되어 선은 힘써 따르고, 악은 미워하는 지혜를 갖춘 장성한 그리스도인이 될 수 있다(고전 14:20). 이 귀한 믿음의 축복이 누군가가 나를 믿어 주는 데서 시작된다.

"선한 일을 여러분 가운데서 시작하신 분께서 그리스도 예수의 날까지 그 일을 완성하시리라고, 나는 확신합니다." 빌 1:6, 새번역

하나님께서 나를 믿어 주셨듯이 나도 누군가를 믿어 주며 칭찬하고, 격려하자.

날마다 이기게 하신다

> 평강의 하나님께서 속히 사탄을 너희 발 아래에서 상하게 하시리라 우리 주 예수의 은혜가 너희에게 있을지어다 (16:20)

크리스천의 삶은 싸움이다. 죄와 불의, 사탄과 죽음에 맞서 싸워야 한다. 우리는 이 싸움에서 종종 다운을 당할지라도, 케이오 패는 당하지 않는다(고후 4:8~9). 우리의 대장 예수께서 이미 이기셨기 때문이다.

주께서 이기시고 우리의 승리를 위해 모든 것을 예비하셨다. 승리의 도-십자가, 승리의 이름-예수, 승리의 교본-성경, 승리의 노래-찬송, 승리의 공동체-교회, 승리의 능력-성령을 모든 믿는 자에게 주셨다. 이제 우리는 믿음으로 무장하고 나가 싸우면 된다(엡 6:11~12). 승리는 보장되었다. 승리는 우리 것이다(삼하 8:6, 요일 5:4).

사도는 악한 세력과 담대히 싸울 것을 독려한다. 그는 왜 이렇듯 담대하게 자신하는 것인가? 첫째로 '평강의 하나님'께서 승리를 약속하셨기 때문이다. 예수는 평강의 왕이시다. 평강의 주께서 임하시면 악한 세력은 물러가고, 평강의 하나님 나라가 이루어진다(눅 2:14, 롬 15:33).

둘째로 하나님께서 친히 사탄을 이기셨기 때문이다. 주께서 승리를 예언하시고(창 3:15), 십자가 부활로 이기시고(고전 15:55~57, 골 2:15), 재림으로 사탄을 완전히 진멸하시고(고전 15:24~25), 최종 승리하신다(계 21:2~3).

셋째로 하나님의 승리가 나의 승리가 되기 때문이다. 나는 날마다 죽고 내 안에 사시는 그리스도와 함께 오직 은혜로, 오직 믿음으로, 오직 성경으로, 오직 하나님 영광을 위하여 살 때 날마다 승리를 경험케 된다(롬 8:31, 37).

"우리는 더 이상 불안해하지 않는다. 그리스도께서 우리
주님이셔서 그렇다. 주님은 왕, 곧 죽음을 정복하셔서
악이 아무것도 성취할 수 없게 하시고, 진리가 승리하게
하시는 왕이시다." **요한 아우구스타**

사도와 같은 믿음으로 날마다 승리를 확신하며, 승리를 구하며, 승리를 누리자.

서로의 동역자

나의 동역자 디모데와 나의 친척 누기오와 야손과 소시바더가 너
희에게 문안하느니라 (16:21)

이단에 대한 경계와 하나님의 승리를 고백한 뒤, 사도
는 이어서 자신과 함께 고린도에 있는 8명의 동역자를 소
개한다. 먼저 나오는 것이 '디모데'이다. 바울과 디모데,
그들은 믿음의 길을 가는 동행의 모델이다. 이 동행의 특
징을 간략하게 정리하면 동심, 동고, 동역이다.

첫째로 동심(同心)은 그리스도의 마음으로 하나 되는
것이다. 두 마음을 하나로 합치는 합심(合心)이 아니다. 서
로가 그리스도께 마음을 맞춰 하나 된 동심이다. 나도 너
도 그리스도의 마음을 품고 그분을 따르고 닮아 가며 주
의 나라 주의 뜻 이루고자 함이다(빌 2:1~5, 딤전 1:2).

둘째로 동고(同苦)는 자기 십자가를 지고 고난을 함께
하는 것이다. 자기 십자가란 그리스도를 따르고자 할 때
감당해야 하는 손해와 희생과 고난이다(막 8:34). 목숨까
지도 아끼지 않고 그리스도의 남은 고난에 내가 먼저 참

여하는 것이다(골 1:24, 딤후 2:3).

셋째로 동역(同役)은 주의 교회와 나라를 위해 함께 사역하는 것이다. 누구 일을 도와주거나 대신해 주는 협력이 아니다. 주를 위하여 그와 함께 동역하는 것이다. 나도, 그도, 주의 부르심을 받아 주의 일을 하는 것이기에 배려와 존중, 희생과 충성을 내가 먼저 죽기까지 하는 것이다(고전 4:17, 살전 3:2). 나도 누군가에게 그런 동역자가 되기를 꿈꾸며 이런 시를 적어 본다.

"너와 나는 그리스도의 군사/ 같은 전장을 누비며/ 하나님 나라를 위해/ 함께 싸우는 자들/ 우리의 걸음은 흔들릴지라도/ 그분의 뜻 안에서/ 결코 멈추지 않으리./ 동역자의 손을 잡고/ 오늘도 그 길을 걷는다."

나는 누구와 동심, 동고, 동역하고 있는지 살피고 신실한 동역자가 되기를 기도하자.

다 도움이 필요하다

나의 동역자 디모데와 나의 친척 누기오와 야손과 소시바더가 너
희에게 문안하느니라 이 편지를 기록하는 나 더디오도 주 안에서
너희에게 문안하노라 (16:21~22)

한 남자가 슈퍼에서 물건을 산 뒤 자신의 차가 있는 곳
으로 걷고 있었다. 그때 노숙자가 다가왔다. 남자는 그가
구걸하리라 생각했는데, 뜻밖의 말을 했다. "차가 아주 멋
지네요." 남자는 멈칫하며 말했다. "네? 아, 감사합니다."
몇 초 망설이던 남자는 혹시 도움이 필요하냐고 물었다.
그러자 그는 남자가 평생 잊지 못할 말을 했다. "우리 모
두 그렇지 않은가요?" 그 한마디에 남자는 깨달았다. 그
자신도 도움이 필요한 인생이라는 것을.

로마서 16장에는 36명의 이름이 등장한다. 모두 사도
의 선교 사역에 관여했던 이들이다. 뵈뵈, 브리스가, 아굴
라, 에배네도, 마리아, 안드로니고, 유니아, 암블리아, 우
르바노, 스다구, 아벨레, 아리스도불로, 헤로디온, 나깃수,
드루배나, 드루보사, 버시, 루포와 어머니, 아순그리도, 블
레곤, 허메, 바드로바, 허마, 빌롤로고, 율리아, 네레오, 올

름바, 디모데, 누기오, 야손, 소시바더, 더디오, 가이오, 에
라스도, 구아도.

이들은 다 사도에게 도움을 준 이들이다. 동시에 사도
에게서 도움을 받은 이들이다. 세상에 도움이 필요 없는
사람은 없다. 이를 부정한다면 그는 교만한 사람이다. 가
난한 마음에서 겸손이 나오고, 겸손해야 동역할 수 있고,
존귀하게 오래 쓰임받는다(잠 22:4, 눅 1:48). 명심하라. 하
나님께서도 세상에 오실 때 마리아의 도움이 필요하셨다.

"그대에게 빈틈이 없었다면/ 나는 그대와 먼 길 함께 가
지 않았을 것이네/ 내 그대에게 채워 줄 게 없었을 것이
므로/ 물 한 모금 나눠 마시며 싱겁게 웃을 일도 없었을
것이네/ 그대에게 빈틈이 없었다면" **박성우**

나는 누구와도 겸손히 동역할 수 있는지 성찰하고,
그렇지 않다면 회개하자.

그분의 발자국 따라

나와 온 교회를 돌보아 주는 가이오도 너희에게 문안하고 이 성의 재무관 에라스도와 형제 구아도도 너희에게 문안하느니라 (16:23)

숙달된 사냥꾼은 동물들이 남긴 발자국만 보아도 많은 것을 알아낸다고 한다. 어떤 동물인지, 어미인지 새끼인지, 언제 어느 방향으로 갔는지 등을 추적해 낸다. 우리도 로마서 16장을 더듬어 보며 하나님의 사람들이 남기고 간 삶의 흔적과 신앙 원리를 발견한다.

'가이오'(행 18:7, 고전 1:14)는 바울이 고린도에서 겨울을 지내는 동안 머물던 집 주인이다. 그의 집이 가정 교회로 개방되었다. 그는 환대의 은사가 있음이 분명하다. '에라스도'는 고린도 성의 재무를 담당하는 높은 신분인 듯 보인다(행 19:22, 딤후 4:20). '구아도'는 에라스도와 함께 소개한 것으로 보아 그의 측근일 것이다.

이상 16장에 등장하는 36명의 삶의 흔적에서 두 가지 신앙 원리를 발견할 수 있다. 첫 번째 원리는 인생이 심판적이라는 사실이다. 누구의 인생이든 반드시 평가되고 심판된다. 주를 위하여, 그의 교회와 나라를 위하여 어떻게 봉사했느냐로 평가된다(고전 3:13, 15:58).

두 번째 원리는 주를 따르는 것이 믿음이라는 사실이다. 그들은 모두 바울에게서 복음을 들었거나, 그의 신앙을 따르고자 한 사람들이었다. 그러나 궁극적으로는 바울이 아니라 주를 따른 것이다. 그들은 바울이 없을 때도 자기 자리에서 제 몫을 다했다. 믿음의 길은 오직 예수, 주님의 발자국을 따르는 것이다. 한 발 한 발 주님을 따르다 보면 우리의 인생길도 어느덧 주님이 함께하는, 로마서의 그들처럼 위대한 발자취가 되는 것이다(벧전 2:21).

"예수님은 단 한 번도 제자의 길이 탄탄대로일 것이라고 말씀하지 않았다. 고락을 함께하며 따라올 사람을 원하셨다." 오스왈드 샌더스

내 인생을 한 문장으로 표현해 보고, 이제 새롭게 주님을 따르기로 결단하자.

12

27   하나님께 나의 송영을

나의 복음과 예수 그리스도를 전파함은 영세 전부터 감추어졌다
가 (16:25)

다시 송영이다. 사도는 앞서 로마서 전반부를 마치면
서 송영을 하나님께 드렸다. 측량할 수 없는 복음의 신비
와 능력에 대해 영광을 돌렸다(롬 11:33~36). 이제 로마서
를 마치면서 다시 송영을 드린다. 27절까지 이어지는 마
지막 송영에는 다음의 네 가지 주제가 담겨 있다.

① 복음의 능력(26절).

② 그리스도의 복음(25절).

③ 열방의 복음 전파(26절).

④ 하나님의 지혜(27절).

이 네 주제는 로마서 전체와 공명한다. 사도는 복음
이 구원을 주시는 하나님의 능력임을 선언하며 로마서를
시작했다(롬 1:16). 또 그리스도의 복음이 나의 복음이 되
어 죄와 불의를 능히 이기고 승리의 삶을 살아가는 은혜
를 이야기했다(롬 3:23~24, 8:35~37). 이어서 주의 교회를 세

우시고, 복음의 일꾼들을 보내서서 모든 백성을 구원받게
하시는 하나님을 찬양했다(롬 11:25~26, 16:26). 그리고 이
모든 구원 역사를 계획하시고 그리스도를 통하여 완성해
가시는 지혜의 하나님께 영광을 돌린다. 그야말로 놀라운
믿음의 찬양이자 완벽한 복음의 찬양인 것이다.

> "아멘, 찬송과 영광과 지혜와 감사와 존귀와 권능과 힘
> 이 우리 하나님께 영원무궁 하도록 있습니다. 아멘!" 계
> **7:12, 새번역**

기독교 복음에 대한 믿음과 소망을 글로 적어 나만
의 송영을 하나님께 드려 보자.

기독교의 복음, 나의 복음

나의 복음과 예수 그리스도를 전파함은 영세 전부터 감추어졌다가 (16:25)

사도는 복음을 '나의 복음'이라 부른다. 기독교의 복음이 나의 복음이 된다는 것은 어떤 뜻인가? 어떻게 해야 나의 복음이 될 수 있는가?

복음은 예수다. 이 복음이 나의 복음이 되기 위해서는 '예수가 그리스도 주'이심을 전할 수 있어야 한다. 복음을 듣기만 해서는 나의 복음이 되지 않는다. 전해야 나의 복음이 된다.

복음을 전하기 위해서는 복음에 대한 두 가지 경험이 있어야 한다. 먼저는 죄를 이기는 거룩한 삶을 살아야 한다. 다음은 구원을 주시는 복음의 능력을 경험해야 한다. 거룩한 삶과 복음의 능력, 이 두 가지 경험은 '하나님과의 동행'에서 비롯된다.

그렇다면 그 동행은 어떻게 가능한가? 그리스도와의 연합이다(6장). 날마다 나는 십자가에 죽고, 내 안에 거하시는 성령님과 함께(8장) 무엇에든지 기도로, 감사로, 섬김으로 사는 것이다. 죄성과 연약성이 솟구치면 얼른 "주여, 나를 불쌍히 여기소서. 나는 십자가에 죽었습니다. 내 안에 그리스도 사십니다"라고 기도하는 것이다.

그러면 나머지는 하나님이 행하신다. 내 안에 구원으로 인한 평안, 자유, 감사, 강건, 풍성, 사명, 승리, 영생이 흘러넘친다. 나는 하나님의 구원을 보고 놀란다. 이것이 바로 기독교의 복음, 나의 복음이 된 것이다.

"복음은 더 이상 내게 단순한 것이 아니다. 심오한 것도, 대단한 것도, 중요한 것도 아니다. 복음은 나에게 유일한 것이다. 난 복음 없이 살지 못한다. 복음은 내 삶의 전부다. 복음은 나의 인생이다." **볼드윈**

기독교의 복음이 나의 복음이 되었는지 생각하고,
이제 주님과 동행하며 복음을 전하자.

견고한 복음의 능력

이제는 나타내신 바 되었으며 영원하신 하나님의 명을 따라 선지
자들의 글로 말미암아 모든 민족이 믿어 순종하게 하시려고 알게
하신 바 그 신비의 계시를 따라 된 것이니 이 복음으로 너희를 능
히 견고하게 하실 (16:26)

    2001년 9월 11일, 뉴욕의 세계무역센터가 테러로 무
너졌다. 온 세상이 경악했다. 하나도 남김없이 완전히 무
너져 내렸다. 그런데 안 무너진 것이 하나 있었다. 그것은
지하에 있는 슬러리 벽이다. 만약 슬러리 벽이 무너졌다
면 연쇄 충돌로 지하수가 터지고, 인근 건물들이 함께 무
너져 더 큰 재앙이 일어났을 것이다. 그러나 슬러리 벽이
반석에 붙어 있던 덕분에 무너지지 않을 수 있었다.

    로마서는 순수한 복음이다. 처음부터 마지막까지 복
음을 위해 쓰였다. 바울은 먼저 자신을 '복음을 위한 사도'
라고 정의한다(롬 1:1). 이어서 복음을 설명하고 그 복음에
따르는 믿음과 삶을 이야기한다. 이제 로마서를 끝마치면
서도 송영의 형식을 빌려 다시 복음을 강조한다. 이 복음
은 견고케 하시는 하나님의 능력이다.

복음은 죄의 유혹으로부터(고전 1:8), 이단의 미혹으로 부터(살후 3:3), 시험 환난으로부터(시 40:2), 대적의 핍박으로부터(벧전 5:10), 파멸의 죽음으로부터(살전 3:13) 우리를 보호하고 견고하게 세운다. 이 복음을 붙드는 자는 누구든 무너지지 않는다. 설령 모든 것이 폐허가 될지라도 하나님께서 그를 붙들어 주신다.

"우리는 비행기가 세계무역센터의 강철과 유리에 부딪히는 것을 보았습니다. 그 빌딩이 무너져 내리면서 내부는 모두 폭발해 버렸습니다. 하지만 그 잔해 아래에는 파괴되지 않는 터가 있었습니다. 이 터가 얼마나 견고한지! 이 견고한 터는 바로 예수 그리스도이십니다. 이 견고한 터 위에 우리는 다시 조국 건설을 시작해야 합니다." **빌리 그레이엄**

견고케 하는 복음의 능력에 대해 묵상하고, 내 삶에 그 능력이 임하기를 기도하자.

교회의 진정한 보물

> 이제는 나타내신 바 되었으며 영원하신 하나님의 명을 따라 선지
> 자들의 글로 말미암아 모든 민족이 믿어 순종하게 하시려고 알게
> 하신 바 그 신비의 계시를 따라 된 것이니 이 복음으로 너희를 능
> 히 견고하게 하실 (16:26)

복음은 '비밀'이다. 비밀이기에 오랜 세월 감추어져 있
었다(25절). 그러다 때가 되어 세상에 나타났다. 곧 예수
십자가와 부활이다. 그것이 세상에 알려졌다. 어떻게 알
려졌는가? 이 비밀은 네 단계로 알려졌다.

① 하나님의 명을 따라(하나님의 구원 계획) ② 선지자들
의 글로(구약성경) ③ 믿어 순종하게 하시려고(믿음으로 구
원) ④ 모든 민족이 알게 하신(세계 선교 사명) 것이다.

이 선교 사명이 교회에 주어졌다. 이를 위해 교회는 하
나 된 그리스도의 몸으로 세워져야 한다. 교회가 하나로
세워져야만 선교 사명을 감당할 수 있다. 그래서 복음을
말하던 사도는 로마서의 결론부에서 거룩한 공교회와 성
도의 교제를 다룬다(14~16장).

교회가 하나로 세워지기 위해서는 다시 복음으로 돌

아가야 한다. 오직 은혜, 오직 믿음, 오직 성경, 오직 하나
님의 영광이다. 이것이 복음의 비밀이요, 로마서의 주제
요, 교회 개혁의 핵심이다. 로마서는 기독교 복음의 책이
요, 교회 개혁의 책이다.

"교회의 진정한 보물은 하나님의 영광과 은혜의 거룩한
복음이다." **마틴 루터**

교회의 진정한 보물을 내 안에 품고 그것을 자랑하
며 전해 보자.

12 / 31

세상 가장 좋은 것

> 지혜로우신 하나님께 예수 그리스도로 말미암아 영광이 세세무궁하도록 있을지어다 아멘 (16:27)

다시 봐도 놀랍고 경이롭다. 이 짧은 송영에 복음의 핵심이 다 담겨 있다니. 사도는 송영을 통해 복음을 요약하며 하나님을 높인다. 죄인을 구원하시고 견고케 하시는 하나님의 능력, 감추었다가 이제 나타난 비밀의 복음 그리스도, 복음을 믿어 순종하라는 명령, 복음을 모든 민족에게 전파하라는 선교 위임까지 간단지만 간단치 않다.

그런데 더욱 놀랍고 경이로운 것이 있다. 바로 하나님과의 동행이다. 죄인 되었던 우리가 하나님과 함께한다니 놀랍지 않은가? 이보다 더 좋은 것은 없다(시 73:28). 더 놀라운 일도 없다. 주님과의 동행으로 우리는 하늘에 속한 모든 신령한 복을 누릴 수 있다(엡 1:3). 우리의 어떠함은 중요치 않다. 하나님과 동행하면 모든 것이 은혜다.

이 동행의 기초가 '말씀 묵상'이다(시 119:15). 우리가 매일 말씀을 묵상할 때 주님과의 사귐이 깊어지고, 주의 뜻을 알게 되고, 그 뜻에 따라 주님과 동행할 수 있다. 온갖 신령한 복을 누리며 하나님 나라를 세워 갈 수 있다.

'그리스도의 복음', '하나님과의 동행', '말씀 묵상' 이 세 가지는 하나님 자녀에게 주시는 감추어진 보물이요, 권세다. 이들은 서로 빛을 발하며 우리를 건고케 하고, 날마다 하나님 나라로 조용히 이끌어 간다. 그 은혜에 감사하며 주님께 찬양을 올린다.

> "복음의 기쁨이 내 안에 넘치니/ 그분의 사랑으로 나를 이끄시네./ 매일의 걸음, 그 말씀으로 나아가/ 열방에 복음 전하는 삶을 살아/ 하나님과 함께, 나는 외롭지 않아./ 이 동행이 세상에서 가장 좋은 길이네./ 영광이 세세 무궁토록 성부 성자 성령 하나님께 있도다. 아멘."

여기까지 복음, 동행, 묵상으로 이끄신 하나님께 감사하며 새해의 동행을 다시 계획하자.